JN085340

詳解

IFRS
の基盤となる
概念フレームワーク

あずさ監査法人[編]

中央経済社

　ここに記載されている情報はあくまで一般的なものであり，特定の個人や組織が置かれている状況に対応するものではありません。私たちは，的確な情報をタイムリーに提供するよう努めておりますが，情報を受け取られた時点及びそれ以降においての正確さは保証の限りではありません。何らかの行動を取られる場合は，ここにある情報のみを根拠とせず，プロフェッショナルが特定の状況を綿密に調査した上で提案する適切なアドバイスをもとにご判断ください。

はじめに

　概念フレームワークは，国際会計基準審議会（IASB）が国際会計基準（IFRS基準）を開発する際のよりどころとなるものである。また，IFRS基準は，取引等の事象に適用すべき具体的なIFRS基準が存在しない場合には，類似または関連する論点を扱うIFRS基準を参照し，それも存在しない場合には，概念フレームワークの概念を参照することを要求している。したがって，IASBの概念フレームワークはIFRS基準の真髄であり，IFRS基準を理解するには，概念フレームワークを理解することが不可欠である。

　当法人は，IASBが2010年に公表した概念フレームワークの解説書として，2012年に『IFRSの基盤となる概念フレームワーク入門』を出版している。IASBが2018年にIASBが概念フレームワークを改訂したことから，このたび，改訂版の概念フレームワークの解説書として本書を出版することとした。

　IASBが2018年に公表した概念フレームワークの分量が増えたことから，本書では，2012年の解説書に含めていた，日本基準や米国基準の概念フレームワークとの比較を大幅に削減している。他の概念フレームワークとの比較はIASBの概念フレームワークをより深く理解するうえで有用であり，類書にはない特徴であったが，IASBの概念フレームワークの解説を優先し，このような決断をさせていただいた。

　本書が，2012年の解説書同様，IASBの概念フレームワーク，ひいてはIFRS基準全体の理解の一助となれば幸甚である。なお，本書では，わかりやすさを重視し，必ずしもIFRS財団が公表するIFRS基準の公式の日本語訳を用いていないことに留意されたい。

　最後に，本書の出版に際しては，中央経済社の土生健人氏に多大なご尽力をいただいた。この場をお借りして厚く御礼申し上げる。

2019年12月

有限責任 あずさ監査法人

目　次

第2章

35

有用な財務情報の質的特性

第5章

117

認識と認識の中止

第6章

139

測　定

Column

x

第 0 章
概念フレームワークとは

■ 第1節　概念フレームワークとは
■ 第2節　IASBの概念フレームワークの歴史

本章の概要

　「概念フレームワーク」の内容の解説に入る前に，本章では，一般に，概念フレームワークがどのようなものであるのかについて，概観している。また，IASBの概念フレームワークの歴史にも触れている。
　なお，本書の第1章から第8章を「概念フレームワーク」の第1章から第8章に対応させるため，本章は第0章としている。

第1節　概念フレームワークとは

(1)　概念フレームワークとは

①　概念フレームワークとは

　概念フレームワークとは，一般に，会計基準設定主体が会計基準を開発するにあたって用いる基本的な考え方をまとめたものをいう。概念フレームワークは，会計基準設定主体が必ず公表しなければならないというものではないが，国際会計基準（IFRS基準）を開発する国際会計基準審議会（IASB）も概念フレームワークを公表している。

　IASBの概念フレームワークは，現在のものが3代目になる（本章第2節参照）。特に断りがない限り，本書において「概念フレームワーク」は，IASBが2018年に公表した最新の概念フレームワークを指している。

②　IASBの概念フレームワークの拘束力

　IASBにおいてIFRS基準の開発について責任を負うのがボード・メンバーであるが，IFRS財団の「定款」は，IASBのボード・メンバーが，常勤であるか非常勤であるかを問わず，IFRS基準の開発にあたり，公共の利益のために行動し，時として改訂されるIASBの概念フレームワークを尊重することに契約上，同意することを要求している。また，「IFRS基準の序文」では，IFRS基準を開発するにあたってのデュー・プロセス（IASBが従わなければならない必須の手続）には，通常，スタッフがテーマに関連する論点をすべて特定し，それらの論点にどのように概念フレームワークが適用されるのかを検討することが含まれると述べている。したがって，IASBのボード・メンバーとそのスタッフは，概念フレームワークに従ってIFRS基準を開発することが要請されているといえる。

　しかし，概念フレームワークに従ってIFRS基準を開発することが要請され

ているにもかかわらず，実際に公表されている会計基準の中には，概念フレームワークと整合しないものが含まれることがある。概念フレームワークと会計基準が整合しない状況としては，次のような場合が考えられる。

(a)　概念フレームワークが公表される前に公表された会計基準が，現在も有効な場合。

(b)　概念フレームワークが正しいと認めつつも，例外的にこれと整合しない会計基準が開発される場合。

(c)　概念フレームワークがもはや正しくないとの認識から，これと整合しない会計基準が開発される場合。

「概念フレームワーク」は，IASBが概念フレームワークから離脱する要求事項をIFRS基準に定める場合には，そのIFRS基準に関する結論の根拠においてその離脱について説明することになるとしている。

③　IASBの概念フレームワークとIFRS基準の関係

IASBの概念フレームワークとIFRS基準が整合しない場合，IFRS基準が優先される。すなわち，IFRS基準がIASBの概念フレームワークと整合しないために，IFRS基準が無効になることはない。また，IASBの概念フレームワークが改訂された場合であっても，IFRS基準がそれによって自動的に変更されることはない。

IASBの概念フレームワークとIFRS基準の間に生じた不整合は，IASBが概念フレームワークを尊重して会計基準を開発すること（本節(1)②参照）を通じて，解消されることになる。なお，IFRS基準を修正するためのプロジェクトを，IASBが取り上げるプロジェクトのリスト（これを「アジェンダ」という。）に追加し，実際にIFRS基準を修正するには，デュー・プロセスを経る必要がある。

Column(1)

概念フレームワークは会計基準における憲法か

　「概念フレームワークは会計基準における憲法である」といわれること
がある。概念フレームワークが会計基準の基本となるガイダンスである
という点で，憲法の性質を有しているともいえるが，概念フレームワー
クと矛盾する会計基準が自動的に無効になることはなく，最高法規とし
ての憲法の性質は有していないといえる。

④　IFRS基準のGAAPヒエラルキーとIASBの概念フレームワーク

　適用すべき会計に関する文献等の序列を示したものを，一般に，GAAPヒエ
ラルキーという。会計基準設定主体が概念フレームワークを公表している場合，
このGAAPヒエラルキーにおいて概念フレームワークと会計基準の関係を定め
ていることが多い。

　IFRS基準のGAAPヒエラルキーはIAS第8号「会計方針，会計上の見積りの
変更及び誤謬」に定められており，具体的には，【図表0-1】に示された手順
に従い適用することとなる。

　類似する概念フレームワークを有するIASB以外の会計基準設定主体の最新
の会計基準を考慮することができる点について，IAS第8号は2つの点を指摘
している。

　第1に，これは容認規定であり，強制規定ではないということである。たと
えば，IFRS基準に指針が存在しないものの，類似する概念フレームワークを
有すると一般に考えられる米国基準にガイダンスが存在する場合，報告企業は
米国基準を考慮することができるが，これを考慮しなくてもよいということで
ある。

　第2に，IASB以外の会計基準設定主体の会計基準を考慮する場合，その会
計基準設定主体の最新の会計基準を用いなければならないということである。
すでに廃止されている会計基準は，その会計基準設定主体からみて，適用すべ
き最善の会計基準ではないためである。

図表 0 - 1　IFRS基準のGAAPヒエラルキー

手順 1

取引その他の事象または状況に適用されるIFRS基準が存在する　→ はい →　会計方針はそのIFRS基準を適用することにより決定する

↓ いいえ

手順 2

基本的な質的特性を有する情報をもたらす会計方針を決定する　→

この決定を行うにあたり，次の情報源を次の順で考慮する
①類似または関連する論点を扱うIFRS基準の要求事項
②「概念フレームワーク」の資産，負債，収益，および費用の定義，認識規準，ならびに測定の概念

↓

この決定を行うにあたり，上記①，②と矛盾しない限りにおいて，次を考慮することができる
・類似する概念フレームワークを有する会計基準設定主体の最新の会計基準
・その他の会計文献
・認められている業界実務

olumn(2)

概念フレームワークの位置付け

　IAS第 8 号第 5 項は「IFRS基準」を定義しており，それはIASBが公表した基準および解釈指針をいい，次のもので構成されるとしている。
・　国際財務報告基準（IFRS）
・　国際会計基準（IAS）
・　IFRIC解釈指針
・　SIC解釈指針

　したがって，「概念フレームワーク」は，IFRS基準の定義には含まれない。しかし，IAS第 8 号が「概念フレームワーク」を参照していることから，「概念フレームワーク」はIFRS基準に準拠した財務諸表を作成するうえで報告企業が従わなければならないガイダンス（これを「権威あるガイダンス」という。）に含まれるとされている。

　これは他の会計基準設定主体の概念フレームワークにはみられない特徴である。他の会計基準設定主体の概念フレームワークは，もっぱら会

計基準設定主体が会計基準を開発するために用いるものに位置付けられており，たとえば，米国財務会計基準審議会（FASB）の概念フレームワークは，権威あるガイダンスを構成しないこととされている。

IASBの概念フレームワークが権威あるガイダンスに含まれることとされたのは，1989年の概念フレームワーク（後述の本章第2節⑴参照）が公表された当時，IFRS基準が存在する領域が少なく，概念フレームワークにより補完しなければならない領域が多かったためであると考えられる。現在ではIFRS基準の整備が進み，概念フレームワークを参照して会計方針を決定しなければならない状況は少なくなっていると考えられる。

なお，IASBとFASBによる共同の概念フレームワーク・プロジェクトのフェーズFでは，概念フレームワークの位置付けを共通化することが検討される予定であったが，着手しないままプロジェクトは中断された（後述の本章第2節⑵③参照）。しかし，FASBは，他のフェーズの議論においては，概念フレームワークが権威あるガイダンスに格上げされたものと仮定してコメントするよう，市場関係者に要請していた。

⑵ 「概念フレームワーク」の目的

① 「概念フレームワーク」の3つの目的

「概念フレームワーク」は，その目的が次の3つであるとしている。

- IASBが首尾一貫した概念に基づいたIFRS基準を開発することを支援する。
- 特定の取引その他の事象または状況に当てはまるIFRS基準がない場合，あるいはIFRS基準が会計方針の選択を認めている場合に，財務諸表の作成者が首尾一貫した会計方針を策定することを支援する。
- すべての関係者がIFRS基準を理解し，解釈することを支援する。

以下，1つずつ詳細にみていくことにする。

2010年の概念フレームワークからの変更点

2010年の概念フレームワークは，1989年の概念フレームワークを引き継ぎ，概念フレームワークの目的として次の内容を挙げていた。なお，国際会計基準委員会（IASC）はIASBの前身組織である。

- IASCが，将来の国際会計基準の開発と現行の国際会計基準の見直しを行うため

に役立てること
- 国際会計基準によって認められている代替的な会計処理の数を削減するための基礎を提供することによって，IASCが財務諸表の表示に関する規則，会計基準および手続の調和化を促進するために役立てること
- 各国の会計基準設定主体が国内基準を開発するうえで役立てること
- 財務諸表の作成者が，国際会計基準を適用し，また，国際会計基準の主題となっていないテーマに対処する際に役立てること
- 財務諸表が国際会計基準に準拠しているかどうかについて，監査人が意見を形成する際に解釈するために役立てること
- 財務諸表の利用者が，国際会計基準に準拠して作成された財務諸表に含まれる情報を解釈するために役立てること
- IASCの作業に関心を有する人々に，国際会計基準の形成に対するアプローチに関する情報を提供すること

　IASBは「概念フレームワーク」を開発する過程で，このリストを簡素化したとしている。また，「概念フレームワーク」の目的をIASBがIFRS基準を開発することを支援することに限定することも検討したものの，「概念フレームワーク」がIASB以外の関係者を支援する可能性があることを認めても，IASBが首尾一貫した概念に基づいてIFRS基準を開発する妨げにはならないことから，目的を限定しないこととしたとしている。

　同時に，IASBは，「概念フレームワーク」には，IASBしか適用できない（すなわち，報告企業が適用することができない）内容も含まれるとしている（第7章第3節(4)④および⑥参照）。

②　IASBによる首尾一貫したIFRS基準の開発の支援

　「概念フレームワーク」は，「概念フレームワーク」の最も重要な目的は，IASBによる首尾一貫したIFRS基準の開発を支援することであるとしている。

　IFRS基準の開発について責任を有しているIASBのボード・メンバーは，たとえば，財務諸表の作成者，財務諸表の利用者，監査人，研究者等としての知識や経験を活かしながら，IFRS基準の開発に参加することになるが，IASBがIASBとして概念フレームワークを公表していない場合，それぞれのボード・メンバーが個人の考え方に従ってIFRS基準を開発することになる。個人の考え方は，ほとんどの場合，明示されず，その内容は不完全であったり，整合していなかったりすることがある。

8

それぞれのボード・メンバーが個人の考え方に従ってIFRS基準を開発する場合，ボード・メンバー間で考え方が整合する特定の論点についてのみ，IASBは合意できることになる。また，ボード・メンバーの構成が変われば，個人の考え方の組合せも変わるため，同じ論点について著しく異なる結論に達することがある。この結果，IFRS基準間の首尾一貫性が保証されず，IASBによる過去の意思決定が将来の意思決定を示唆しないことがある。そこで，IASBがIASBとして概念フレームワークを公表することにより，IFRS基準を開発するうえでの方向性を明示し，IFRS基準の体系に首尾一貫性，安定性および予見可能性を持たせている。

③　作成者による会計方針の策定の支援

前述（本節(1)④参照）のとおり，財務諸表の作成者である企業は，特定の取引その他の事象および状況に当てはまるIFRS基準がない場合，あるいはIFRS基準が会計方針の選択を認めている場合に，首尾一貫した会計方針を策定することが要求されている。このとき，「概念フレームワーク」に示した考え方が指針になることがある。

④　すべての関係者によるIFRS基準の理解の支援

「概念フレームワーク」は，IASBの活動に関心があるすべての関係者に対し，IFRS基準を開発するうえで採用するアプローチに関する情報を提供する。

第2節　IASBの概念フレームワークの歴史

(1)　1989年の概念フレームワーク

IFRS基準を開発するIASBは，2001年にその前身組織であるIASCを改組する形で設立された。設立にあたり，IASBはIASCがそれまでに公表した国際会計基準（IAS）等を包括的に継承することとし，その中にはIASCが1989年に

公表した「財務諸表の作成及び表示のためのフレームワーク」が含まれた。以下，本書ではこの概念フレームワークのことを「1989年の概念フレームワーク」と呼ぶこととする。したがって，IASBが設立された当初，用いられていた概念フレームワークは1989年の概念フレームワークであり，この概念フレームワークは，後述する2010年の概念フレームワークが公表されるまで，IASBによりIFRS基準の開発に用いられた。

⑵　2010年の概念フレームワーク

①　改訂の経緯

2002年，IASBは，米国基準を開発する米国財務会計基準審議会（FASB）と「ノーウォーク合意」を締結し，それぞれのボードの会計基準の共通化に向けて努力することで合意した。しかし，この「ノーウォーク合意」では，それぞれのボードの概念フレームワークの共通化については触れられていなかった。

会計基準の共通化に向けてIASBとFASBは共同で審議を行ったものの，それぞれのボードの会計基準を変更するためには，それぞれのボードで別個に議決する必要があった。議決にあたり，IASBとFASBのボード・メンバーは，それぞれのボードの概念フレームワークを尊重することが要請された（IASBについては本章第 1 節⑴②参照）。

IASBとFASBは，共同で会計基準の共通化に取り組むなかで，それぞれのボードの概念フレームワークを共通化することなく会計基準を共通化することは難しいと結論付け，2004年，共同のボード会議において，共同で概念フレームワークの見直しに取り組むことで合意した。

②　改訂の進め方

IASBとFASBによる共同の概念フレームワーク・プロジェクトは，次の 8 つのフェーズに分けて進められることとなった。取り組む順序については，フェーズAから順に取り組むことはせずに，複数のフェーズについて同時並行で取り組むこととされた。

フェーズ	内容
A	目的と質的特性
B	構成要素と認識
C	測定
D	報告企業
E	表示と開示
F	目的と位置付け
G	非営利企業への適用
H	その他の論点

　IASBとFASBは，共通化される概念フレームワークについて，フェーズごとに確定させることとした。概念フレームワークの各フェーズは相互に関連しているため，すべてのフェーズについて同時に確定させるべきであるとの意見もあったが，IASBとFASBは，次の理由によりフェーズごとに確定させることとした。

- IASBとFASBが合意した新しい概念は，できる限り早く会計基準の開発に活かすことができるようにすべきである。ボード・メンバーは概念フレームワークを尊重して会計基準を開発することになるが，新しい概念がすぐに概念フレームワークに反映されない場合，もはや適切ではないと考えられる概念に従って会計基準を開発するか，そのときに有効な概念フレームワークと整合しない概念に従って会計基準を開発するかの選択を迫られることになり，不合理である。

- 概念フレームワーク・プロジェクトのそれぞれのフェーズの審議を完了させるのに数年かかることが予想されるなか，すべてのフェーズについて同時に確定させることとした場合，それが何年先のことになるのかわからない。すべてのフェーズの審議が完了するまで時間がかかり過ぎた場合，ボード・メンバーの交代等を理由に，早くに審議が完了したフェーズ等の審議をやり直さなければならない可能性がある。

　同時に，IASBとFASBは，すでに完了したフェーズについて，その後の他のフェーズにおける審議の結果，修正する可能性があるとした。

図表 0 - 2　1989年の概念フレームワークと2010年の概念フレームワークの比較

1989年の概念フレームワークの構成　　　2010年の概念フレームワークの構成

財務諸表の作成および表示のためのフレームワーク(1989)	財務報告のための概念フレームワーク (2010)
序文	はじめに
はじめに	
目的および現況（第1項−第4項）	
範囲（第5項）	
範囲（第6項−第8項）	
利用者および利用者の情報ニーズ（第9項−第11項）	第1章「一般目的財務報告の目的」
財務諸表の目的（第12項−第21項）	
基礎となる前提	
発生主義（第22項）	✕（引き継がれず）
継続企業（第23項）	
財務諸表の質的特性（第24項−第46項）	第3章「有用な財務情報の質的特性」
	第4章「フレームワーク(1989)：残る本文」
	基礎となる前提（4.1項）
財務諸表の構成要素（第47項−第81項）	財務諸表の構成要素（4.2項−4.36項）
財務諸表の構成要素の認識（第82項−第98項）	財務諸表の構成要素の認識（4.37項−4.53項）
財務諸表の構成要素の測定（第99項−第101項）	財務諸表の構成要素の測定（4.54項−4.56項）
資本と資本維持の概念（第102項−第110項）	資本と資本維持の概念（4.57−4.65項）

③　プロジェクトの成果

　IASBとFASBによる共同の概念フレームワーク・プロジェクトの成果として，フェーズAの「目的と質的特性」の内容がIASBとFASBとで共通化され，IASBにおいては，2010年に「財務報告のための概念フレームワーク」として公表された。以下，本書ではIASBが2010年に公表した概念フレームワークのことを「2010年の概念フレームワーク」と呼ぶこととする。

　2010年の概念フレームワークは，FASBと共通化された第1章「一般目的財務報告の目的」と第3章「有用な財務情報の質的特性」を含み，それ以外の部分については，従前の1989年の概念フレームワークの内容を引き継いだ（【図表 0 - 2】参照）。

　なお，共同の概念フレームワーク・プロジェクトでは，フェーズDの「報告企業」について，2008年にディスカッション・ペーパー「改善された財務報告

のための概念フレームワークに関する予備的見解：報告企業」，2010年に公開草案「財務報告のための概念フレームワーク―報告企業」（以下，「報告企業ED」という。）が公表されたものの，最終化には至らなかった。

　また，2010年の概念フレームワークの公表後，IASBとFASBは，他の主要プロジェクトを完了させることを優先するため，共同で概念フレームワークを見直す作業を中断した。

(3)　2018年の概念フレームワーク

①　改訂の端緒

2011年，IASBは，IASBが取り上げるプロジェクトの優先順位等について関係者からの意見を募るアジェンダ・コンサルテーションを実施した。これに応じた関係者の大半が概念フレームワークをIASBの優先プロジェクトとして識別したため，IASBは2012年に概念フレームワーク・プロジェクトを再開することとした。なお，再開するプロジェクトはIASB単独で取り組むこととし，FASBと共同で行わないこととした。

②　2010年の概念フレームワークの問題点

　見直しにあたり，IASBは2010年の概念フレームワークに次の問題点があるとした。
- いくつかの領域が扱われていない。
- 一部の領域でガイダンスが不明確である。
- いくつかの点で時代遅れとなっている。

　したがって，IASBは，2010年の概念フレームワークを出発点として，扱われていなかった空白の領域を埋めるとともに，不明確なガイダンスを明確化し，時代遅れとなっている部分については更新を行ったものの，2010年の概念フレームワークの根本的な見直しは行わなかった。特に，一般目的財務報告の目的に関する章と有用な財務情報の質的特性に関する章については，若干の変更を行ったものの，根本的な見直しは行わなかった。これらの章は，2010年の概

念フレームワークを開発する過程で，広範なデュー・プロセスを経て確定した
ものであるためである。

③　改訂の進め方

　前述（本節(2)②参照）のとおり，2010年の概念フレームワークの開発におい
て，IASBとFASBは8つのフェーズに分けて概念フレームワークの改訂に取
り組むこととしたが，IASBが単独で概念フレームワーク・プロジェクトを再
開するにあたり，プロジェクトを複数のフェーズに分けることはせず，概念フ
レームワークを1つのまとまりとして改訂することを決定した。1つのまとま
りとして改訂した方が，IASB自身も関係者も，概念フレームワーク内の異な
る記述の間の結び付きをより明確に理解できると考えたためである。

④　デュー・プロセス文書

　IASBは2013年にディスカッション・ペーパー（DP/2013/1）「財務報告のた
めの概念フレームワークの見直し」，2015年に公開草案（ED/2015/3）「財務報
告のための概念フレームワーク」を公表し，これらのデュー・プロセス文書に
対するフィードバック等を踏まえ，2018年に改訂版の「財務報告のための概念
フレームワーク」を公表した。

　なお，IASBは「概念フレームワーク」の一般目的財務報告の目的に関する
章と有用な財務情報の質的特性に関する章において若干の変更を行っているが，
FASBは，FASBの概念フレームワークの対応する章において変更を行ってい
ない。この結果，IASBとFASBとで2010年に揃っていた文言が，現在では異
なっている部分がある。

⑤　プロジェクトの成果

　「概念フレームワーク」と2010年の概念フレームワークの構成を比較すると，
次のようになる（【図表 0 - 3】参照）。

図表 0 - 3　2010年の概念フレームワークと「概念フレームワーク」の比較

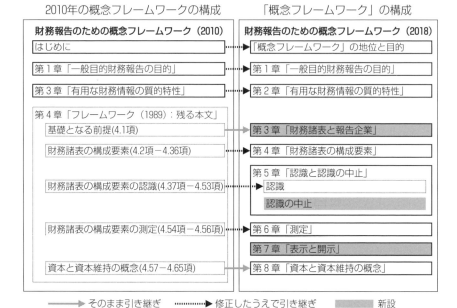

2010年の概念フレームワークの構成　　　　「概念フレームワーク」の構成

⑥　取り上げなかった事項

「概念フレームワーク」は，2018年の改訂版の「概念フレームワーク」の公表を遅らせたくなかったことを理由に，負債と資本の区分に関する論点は扱わなかったとしている。負債と資本の区分に関する論点については，資本の特徴を有する金融商品に関するリサーチ・プロジェクトにおいて検討する予定であり，そこで検討するアプローチには，「概念フレームワーク」の負債もしくは資本（またはその両方）の定義を見直す必要があるアプローチも含まれるとしている。

　なお，リサーチ・プロジェクトの結果を受けて，関連するIFRS基準または概念フレームワークを修正するためのプロジェクトをアジェンダに追加し，実際にIFRS基準または概念フレームワークを修正するには，通常のデュー・プロセスを経る必要があるとしている。

第1章
一般目的財務報告の目的

■ 第1節　一般目的財務報告の目的を定める意義
■ 第2節　一般目的財務報告の目的
■ 第3節　報告企業の経済的資源，報告企業に対する
　　　　　請求権，およびそれらの変動に関する情報
■ 第4節　報告企業の経済的資源の使用に関する情報

本章の概要

　「概念フレームワーク」の第1章は，一般目的財務報告
の目的，すなわち，誰に対してどのような情報を提供する
ことを目的としてIASBがIFRS基準を開発しているのかに
ついて述べている。

第1節 一般目的財務報告の目的を定める意義

「概念フレームワーク」は，一般目的財務報告の目的は，「概念フレームワーク」の基礎をなすものであり，「概念フレームワーク」の他の諸側面（有用な財務情報の質的特性およびコストの制約，報告企業概念，財務諸表の構成要素，認識および認識の中止，測定ならびに表示および開示）は，この目的から論理的に生じるものであるとしている。

第2節 一般目的財務報告の目的

(1) 一般目的財務報告の目的

「概念フレームワーク」は，一般目的財務報告の目的は，主要な利用者が報告企業への資源の提供に関する意思決定を行ううえで有用な，その報告企業についての財務情報を提供することであるとしている。

以下では，一般目的財務報告の目的の次の要素について詳細にみていくことにする。

- 一般目的財務報告
- 主要な利用者
- 報告企業への資源の提供に関する意思決定

Column (3)

報告企業の種類によって目的が異なることはあるのか

　「概念フレームワーク」を開発する過程で，IASBは，報告企業の種類によって一般目的財務報告の目的が異なり得るのかどうかについて検討したとしている。報告企業の種類の候補として，次のようなものが考えられたとしている。

- 　小さな報告企業と大きな報告企業
- 　負債性金融商品（債券など）または資本性金融商品（株式など）を上場（または公開で取引）している報告企業と，そうした金融商品がない報告企業
- 　閉鎖的に所有されている報告企業と，所有が幅広く分散している報告企業

　財務報告における外部の利用者は，投資先である報告企業の種類に関係なく，同様の目的を有していることから，IASBは，一般目的財務報告の目的はすべての報告企業について同一であると結論付けている。ただし，報告企業によりその活動の内容が異なり，コストの制約（第2章第11節参照）の影響が変わり得ることから，IASBが報告を容認または要求する情報の内容も報告企業の種類によって変わり得るとしている。

(2)　一般目的財務報告

①　財務報告と財務諸表

「概念フレームワーク」は，財務報告は財務諸表（注記を含む。）を含む広い概念であるとしている。IASBが扱う論点の多くは，財務諸表に関する論点であるものの，IASBの責任の範囲は財務諸表に限定されず，財務報告にまで及んでいるためである。

　財務諸表は財務報告の中心的な部分を占めるものの，財務報告には，追加情報や，経営者による説明，株主へのレター等も財務報告に含まれるといわれている（【図表1-1】参照）。

18

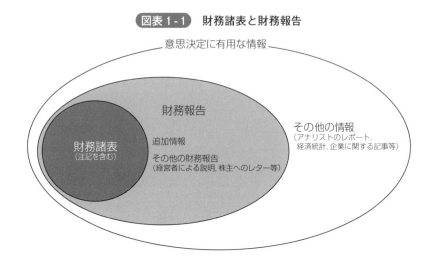

図表 1-1　財務諸表と財務報告

意思決定に有用な情報

財務報告

財務諸表
（注記を含む）

追加情報

その他の財務報告
（経営者による説明，株主へのレター等）

その他の情報
（アナリストのレポート，
経済統計，企業に関する記事等）

② 一般目的財務報告

　「概念フレームワーク」は，一般目的財務報告を明示的に定義していないが，後述（本節(3)参照）する主要な利用者に関する記述において，一般目的財務報告は，財務情報の提供を報告企業に直接要求することができない者に財務情報を提供することであることが示唆されている。

　なお，「概念フレームワーク」と同様に，本書において「財務報告」という場合，特段の断りのない限り，「一般目的財務報告」を指すものとする。また，「財務諸表」という場合，特段の断りのない限り，「一般目的財務諸表」を指すものとする。

(3)　主要な利用者

① 主要な利用者の定義

　「概念フレームワーク」は，既存のおよび潜在的な投資者および融資者その他の債権者の多くは，財務情報の提供を報告企業に直接要求することができず，必要とする財務情報の多くを一般目的財務報告書に依拠しなければならないため，これらの利用者が，一般目的財務報告書が対象とする「主要な利用者」で

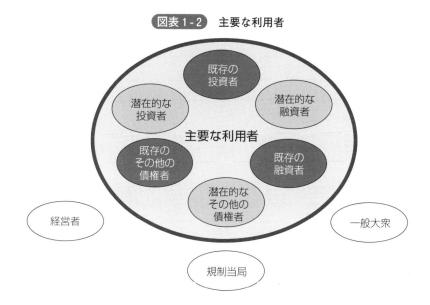

図表1-2　主要な利用者

あるとしている（【図表1-2】参照）。

　この記述を論拠として，報告企業の親会社は財務情報の提供を報告企業に直接要求することができ，一般目的財務報告書に依拠する必要がないため，主要な利用者に該当しないと主張されることがある。

　なお，「概念フレームワーク」を開発する過程で，報告企業に資源を提供しておらず，今後提供することも考えていない利用者もおり，これらの利用者についても考慮すべきであるとの意見が聞かれた。しかし，主要な利用者を定義しない場合には，「概念フレームワーク」が過度に抽象的で曖昧なものになるおそれがあったことから，IASBは「概念フレームワーク」に定義したかたちで主要な利用者を定義したとしている。

②　主要な利用者に該当しない利用者

「概念フレームワーク」は，主要な利用者に該当しない利用者について次のとおり言及している。

(a) 報告企業の経営者は，その報告企業に関する財務情報に関心があるものの，経営者は必要とする情報を内部で入手できるため，一般目的財務報告に依拠する必要がなく，したがって，主要な利用者に該当しない。

(b) 規制当局や，一般大衆のうち，投資者および融資者その他の債権者以外の人々も，一般目的財務報告を有用と考える場合があるものの，一般目的財務報告はそれら他の利用者を主要な対象としていない。

③ 主要な利用者を限定すべきか

「概念フレームワーク」を開発する過程で，一部の関係者から，主要な利用者は既存の株主に限定すべきであるとの意見が寄せられた。また，他の一部の関係者から，主要な利用者は既存の株主および債権者に限定すべきであるとの意見が寄せられた。

「概念フレームワーク」は，主要な利用者を既存のおよび潜在的な投資者および融資者その他の債権者とした理由として，次の点を挙げている。

(a) 既存のおよび潜在的な投資者および融資者その他の債権者は，財務報告書に含まれる情報に関して最も重大（critical）で直接的（immediate）なニーズがあり，その多くはその情報を直接提供することを報告企業に要求できない。

(b) IASBは，その責務により，資本市場の参加者のニーズに焦点を当てることが求められており，それら資本市場の参加者には既存の投資者だけではなく，潜在的な投資者や，既存のおよび潜在的な融資者その他の債権者も含まれる。

(c) IASBが採用した「主要な利用者」のニーズを満たす情報は，コーポレート・ガバナンスが株主の観点から定義されている法域と，それがすべての利害関係者の観点から定義されている法域の両方における利用者のニーズを満たす可能性が高い。

④　主要な利用者のなかで優先順位をつけるべきか

「概念フレームワーク」を開発する過程で，主要な利用者の構成について IASBの提案を支持した関係者の一部は，投資者および融資者その他の債権者 は情報ニーズが異なることから，主要な利用者のなかで優先順位を定めること を提案した。しかし，IASBは，個々の利用者の情報ニーズや要望は，報告企 業に対して同じような利害を有する他の利用者と異なることがあることから， 主要な利用者のなかで優先順位を定めないこととしたとしている。その代わり に，IASBは，一般目的財務報告書は，利用者に共通の情報を提供することを 意図したものであり，情報に対するすべての要請に対応できるものではないと したうえで，利用者の最大多数のニーズを費用対効果の高い方法で満たすこと を意図した情報の組合せを追求するとしている（本節(6)③参照）。

(4)　報告企業への資源の提供に関する意思決定

①　主要な利用者が行う意思決定

「概念フレームワーク」は，主要な利用者が行う，報告企業への資源の提供 に関する意思決定には次のようなものがあるとしている。

(a)　資本性金融商品や負債性金融商品の売買または保有

(b)　貸付金その他の形態による信用の供与または決済

(c)　報告企業の経済的資源の利用に影響を与える経営者の行動に対して投票 を行うかまたは他の方法で影響を与える権利の行使

2010年の概念フレームワークからの変更点 ・・

「概念フレームワーク」は，主要な利用者が行う意思決定として「報告企業の経済 的資源の利用に影響を与える経営者の行動に対して投票を行うかまたは他の方法で 影響を与える権利の行使」を追加している。「概念フレームワーク」を開発する過程 で，資源配分に関する意思決定は，購入，売却または継続保有に関する意思決定に 限定されず，投資を保有している間に行う意思決定（たとえば，経営者の再任また は交代，経営者報酬の適切性の評価，および経営者が提案する事業戦略の承認の意 思決定）も含まれるとの意見が寄せられたためである。

・・

22

② 主要な利用者の意思決定を左右する要因

「概念フレームワーク」は，主要な利用者が行う意思決定は，主要な利用者が期待するリターン（たとえば，配当，元本および利息の支払，または市場価格の上昇）に左右され，そのリターンに関する期待は，報告企業への将来の正味キャッシュ・インフローの金額，時期および不確実性（見通し）に関する主要な利用者の評価と，報告企業の経済的資源に関する経営者の受託責任に関する主要な利用者の評価に左右されるとしている。

2010年の概念フレームワークからの変更点

「概念フレームワーク」では，主要な利用者のリターンに対する期待を左右する要因として，次の2つを挙げている。
- (1) 報告企業への将来の正味キャッシュ・インフローの金額，時期および不確実性（見通し）に関する評価
- (2) 報告企業の経済的資源に関する経営者の受託責任に関する評価

(2)について，2010年の概念フレームワークは，(1)を評価するうえで主要な利用者が必要とする情報の一部としていた（詳細は本節(5)参照）。

また，2010年の概念フレームワークは，英語以外の言語への翻訳の難しさ等を理由に，「受託責任（stewardship）」という用語は使用せず，その内容を記述していた。しかし，「受託責任」という用語を使用しなかったために，IASBが受託責任を重視しなくなったとの誤解が生じたことから，「概念フレームワーク」では明示的にこの用語を使用している。

③ 主要な利用者が必要とする情報

「概念フレームワーク」は，前述の評価を行うために，主要な利用者は，以下に関する情報を必要としているとしている。
- (a) 報告企業の経済的資源，報告企業に対する請求権およびそれらの変動
- (b) 報告企業の経営者や統治機関（以下，まとめて「経営者」という。）がその報告企業の経済的資源を利用する責任をどれだけ効率的かつ効果的に果たしたのか

2010年の概念フレームワークからの変更点

主要な利用者が必要な情報として，2010年の概念フレームワークは，報告企業の

経済的資源と報告企業に対する請求権について言及していたものの，それらの変動には言及していなかった。「概念フレームワーク」は，報告企業の経済的資源と報告企業に対する請求権の変動に明示的に言及している。

(5)　「受託責任」の位置付けをめぐる議論

①　「受託責任」の位置付けの変更の概要

前述（本節(4)②参照）のとおり，「概念フレームワーク」は，「受託責任」の位置付けについて，2010年の概念フレームワークから大きな変更を行っている。これをまとめたものが【図表1-3】である。

図表1-3　受託責任の位置付け

2010年の概念フレームワーク　　　　　2018年の「概念フレームワーク」

【一般目的財務報告の目的】

主要な利用者が報告企業への資源の提供に関する意思決定を行ううえで有用な，その報告企業についての財務情報を提供すること

【一般目的財務報告の目的】

主要な利用者が報告企業への資源の提供に関する意思決定を行ううえで有用な，その報告企業についての財務情報を提供すること

【主要な利用者が行う意思決定】

資本性金融商品と負債性金融商品の売買または保有	貸付金その他の形態による信用の供与または決済

【主要な利用者が行う意思決定】

資本性金融商品と負債性金融商品の売買または保有	貸付金その他の形態による信用の供与または決済	報告企業の経済的資源の利用に影響を与える経営者の行動に対して投票を行うかまたは他の方法で影響を与える権利の行使

【意思決定に影響を与える，リターンに対する期待を左右する要因】

報告企業への将来の正味キャッシュ・インフローの金額，時期および不確実性（見通し）に関する評価

【意思決定に影響を与える，リターンに対する期待を左右する要因】

報告企業への将来の正味キャッシュ・インフローの金額，時期および不確実性（見通し）に関する評価	報告企業の経済的資源に関する経営者の受託責任に関する評価

【上記の評価を行うために必要な情報】

報告企業の経済的資源と報告企業に対する請求権に関する情報	報告企業の経営者や統治機関が報告企業の経済的資源を利用する責任をどれだけ効率的かつ効果的に果たしたのかに関する情報

【上記の評価を行うために必要な情報】

報告企業の経済的資源と報告企業に対する請求権に関する情報	報告企業の経営者や統治機関が報告企業の経済的資源を利用する責任をどれだけ効率的かつ効果的に果たしたのかに関する情報
報告企業の経済的資源と報告企業に対する請求権の変動に関する情報	

24

② 財務報告の目的の1つまたはその一部とすべきとする意見

「概念フレームワーク」を開発する過程で，経営者の受託責任に関する評価に役立つ情報の提供を，財務報告の目的の1つまたはその一部とすべきであるとの意見が寄せられた。これに対し，IASBは次の理由からそのアプローチを採用しなかったとしている。

(a) 経営者の受託責任に関する評価は，それ自体が最終目的ではなく，資源配分に関する意思決定を行ううえで必要とされるインプットにすぎない。たとえば，経営者の受託責任の果たし方が不満足であるという議論は，将来のリターンを増加させる目的で経営者を交代させるという意思決定につながる場合がある。

(b) 財務報告の目的に追加することになると，混乱が生じる可能性がある。

その代わりに，「概念フレームワーク」は，主要な利用者が行う意思決定の範囲を拡張することとしたとしている。

③ 将来の正味キャッシュ・インフローの見通しを評価するための情報との不整合の可能性

「概念フレームワーク」を開発する過程で，経営者の受託責任を評価するうえで必要とされる情報は，場合によっては報告企業への将来の正味キャッシュ・インフローの見通しを評価するために必要とされる情報とは異なることがあることが指摘された。特に測定基礎の選択について，次の点が指摘された。

(a) 場合によっては，歴史的原価の測定値（第6章第2節参照）の方が現在の価値の測定値（第6章第3節参照）よりも，受託責任の評価に有用であると指摘した者がいた。歴史的原価の測定値の方が，検証可能性が高く，経営者が実際に行った取引とより直接的に関連付けられるためである。

(b) 一方で，場合によっては，現在の価値の測定値の方が，受託責任の評価に有用である可能性があると主張する者がいた。現在の価値の測定値の方が，現時点でとり得る行動と比較して，経営者がどの程度よい業績を上げたのかに関する情報を提供できるからである。

　IASBは，財務報告の目的を記述するにあたり，「受託責任」をより目立たせることによって，特定の測定基礎を選好することを示唆することを意図していないとしており，測定基礎の選択において考慮すべき要因については「概念フレームワーク」の測定に関する章に記述しているとしている（第6章第6節参照）。

(6)　一般目的財務報告の限界

①　主要な利用者に提供される情報の限界

　「概念フレームワーク」は，一般目的財務報告書は，主要な利用者が必要とする情報のすべてを提供しておらず，すべてを提供することはできないとしている。したがって，主要な利用者は，他の情報源からの関連する情報を考慮する必要があり，そのような情報には，全般的な経済状況や予想，政治的な事象や情勢，および業界やその報告企業に関する見通しなどがあるとしている。

②　一般目的財務報告書と報告企業の価値

　「概念フレームワーク」は，一般目的財務報告書は，報告企業の価値を示すように設計されておらず，主要な利用者が報告企業の価値を見積るのに役立つ情報を提供するとしている。

　この記述は，自己創設無形資産（自己創設のれんを含む。）の認識を否定する際の論拠としてよく引用される。

③　主要な利用者間の異なるニーズ

　「概念フレームワーク」は，個々の主要な利用者は，情報に対するニーズや要求が異なっており，場合によってはそれらが相反することがあるとしたうえで，IASBは，IFRS基準を開発するにあたり，主要な利用者の最大多数のニーズを満たす情報の組合せを提供することを目指すとしている。同時に，共通の情報に対するニーズに重点を置くことは，報告企業が主要な利用者のなかの特定の一部に最も有用となる追加的な情報を含めることを必ずしも妨げないとし

ている。主要な利用者のなかの特定の一部に最も有用となる追加的な情報を含める場合の例として，親会社の株主に帰属する利益をもとに算定される1株当たり利益（EPS）に関する情報が挙げられる。

④ 正確な描写の限界

「概念フレームワーク」は，財務報告書は，そのかなりの部分について，正確な描写に基づくのではなく，見積り，判断およびモデルに基づいており，「概念フレームワーク」は，そうした見積り，判断およびモデルの基礎となる概念を定めるものであるとしている。また，「概念フレームワーク」は，それらの概念は，IASBと財務報告書の作成者の努力目標であり，大半の目標がそうであるように，「概念フレームワーク」の財務報告に関する理想形は，少なくとも短期的には，完全に達成できない可能性があるとしている。

第3節　報告企業の経済的資源，報告企業に対する請求権，およびそれらの変動に関する情報

(1) 報告企業の経済的資源と報告企業に対する請求権

① 報告企業の経済的資源と報告企業に対する請求権に関する情報の有用性

「概念フレームワーク」は，報告企業の経済的資源と報告企業に対する請求権の性質と金額に関する情報は，次の点で役立つ可能性があるとしている。

(a) 財務情報の利用者が，報告企業の財務上の強みと弱みを識別するうえで役立つ可能性がある。

(b) 報告企業の経済的資源と報告企業に対する請求権に関する情報は，報告企業の流動性と支払能力，追加的な資金調達の必要性，およびその報告企業が資金調達に成功する可能性を利用者が評価するうえで役立つ可能性がある。

(c) 利用者が報告企業の経済的資源に関する経営者の受託責任を評価するうえで役立つ可能性がある。

⒟　現在の請求権の優先順位と支払要求に関する情報は，将来のキャッシュ・フローが報告企業に対する請求権を有する者の間でどのように分配されるのかを利用者が予測するうえで役立つ。

「概念フレームワーク」のこの記述は，IFRS基準において財政状態計算書の表示を要求する論拠となっている。

後述（第4章第1節参照）するように，報告企業の経済的資源を表す財務諸表の構成要素は資産であり，報告企業に対する請求権を表す財務諸表の構成要素は負債と資本である。これらの財務諸表の構成要素に関する情報は通常，財政状態計算書において提供される（【図表1-4】参照）。

図表1-4　財務報告の構成要素と各計算書の関係

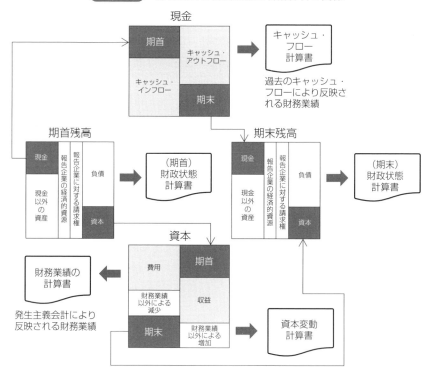

28

②　経済的資源と将来キャッシュ・フローに関する見通し

　「概念フレームワーク」は，経済的資源の種類が異なれば，将来キャッシュ・フローに関する報告企業の見通しについての利用者の評価への影響も異なるとしている。すなわち，一部の将来キャッシュ・フローは，既存の経済的資源（売上債権など）から直接生じる一方で，他の将来キャッシュ・フローは，財またはサービスを生産または販売するために複数の経済的資源を組み合わせて用いることによって生じるとしている。「概念フレームワーク」は，後者のキャッシュ・フローは個々の経済的資源（または請求権）に関連付けることができないものの，財務報告書の利用者は，報告企業の事業活動において利用可能な経済的資源の性質と金額を知る必要があるとしている（【図表1-5】参照）。

図表1-5　将来キャッシュ・フローの種類

一部の将来キャッシュ・フローは，既存の経済的資源から直接生じる

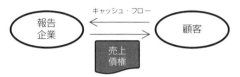

その他の将来キャッシュ・フローは，財またはサービスを生産または販売するために複数の経済的資源を組み合わせて用いることによって生じる

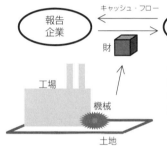

キャッシュ・フローは，個別の経済的資源（または請求権）に関連付けることができないが，財務報告書の利用者は報告企業の事業活動において利用可能な経済的資源の性質と金額を知る必要がある

Column(5)

報告企業の経済的資源と報告企業に対する請求権

　「概念フレームワーク」を開発する過程で，IASBは「報告企業の経済的資源とそれに対する請求権」という表現を使用することを提案していた。しかし，多くの場合，報告企業に対する請求権は報告企業の特定の資源に対する請求権ではなく，また，請求権の多くは，その報告企業の将来の正味キャッシュ・インフローから生じる資源を用いて充足される。したがって，請求権はすべて，報告企業に対するものであるものの，それらのすべてが，報告企業が現有する資源に対する請求権ではないことから，「概念フレームワーク」は，「報告企業の経済的資源と報告企業に対する請求権」という表現を使用している。

⑵　報告企業の経済的資源と報告企業に対する請求権の変動

①　報告企業の経済的資源と報告企業に対する請求権の変動の種類

「概念フレームワーク」は，報告企業の経済的資源と報告企業に対する請求権の変動は，次のいずれかより生じるとしている。

⒜　報告企業の財務業績

⒝　その他の事象または取引（負債性金融商品や資本性金融商品の発行等）

そのうえで，「概念フレームワーク」は，報告企業への将来の正味キャッシュ・インフローの見通しと，報告企業の経済的資源に関する経営者の受託責任を適切に評価するには，利用者がこれら2種類の変動を識別できることが必要であるとしている。

2010年の概念フレームワークからの変更点

前述（本章第2節⑸参照）のとおり，「概念フレームワーク」は，主要な利用者が行う意思決定に影響を与える，リターンに対する期待を左右する要因として，「報告企業の経済的資源に関する経営者の受託責任に関する評価」を「報告企業への将来の正味キャッシュ・インフローの見通しに関する評価」と同列に並べることとした。このため，これまで正味キャッシュ・インフローの見通しに関する評価に言及していた箇所で，経営者の受託責任に関する評価についても言及している。

②　財務業績の種類

「概念フレームワーク」は，報告企業の財務業績に関する情報は，その報告企業が自らの経済的資源を利用して生み出したリターンを利用者が理解するうえで役立つとしている。また，報告企業が生み出したリターンに関する情報は，利用者がその報告企業の経済的資源に関する受託責任を評価するうえで役立つ可能性があるとしている。さらに，そのリターンの変動性と内訳に関する情報も，特に，将来キャッシュ・フローの不確実性を評価するうえで重要であるとしている。

そのうえで，「概念フレームワーク」は，財務業績は，発生主義会計により反映される財務業績と，過去のキャッシュ・フローにより反映される財務業績

に分けられるとしている。後述（第4章第1節参照）するように，発生主義会計により反映される財務業績を表す財務諸表の構成要素は収益と費用であり，これらの財務諸表の構成要素に関する情報は通常，財務業績の計算書において提供される。過去のキャッシュ・フローにより反映される財務業績に関する情報は，通常，キャッシュ・フロー計算書において提供される（【図表1-4】参照）。

Column(6)

財政状態 vs. 財務業績

　「概念フレームワーク」は，報告企業の財務業績が最も重要な情報であると多くの関係者が長年にわたり主張しており，そのような考え方は，たとえば，FASBの概念フレームワークにおいて次のように説明されているとしている。

> 「財務報告の主要な焦点は，包括利益およびその内訳の測定値により提供される企業の財務業績の情報である。投資家，債権者，および企業の正味キャッシュ・インフローの見通しを評価することに関心を有するその他の者は，特にこの情報に関心を示す。」

　これに対して，1989年の概念フレームワークは，報告企業の財政状態に関する情報と財務業績に関する情報は同等の重要性を持つものと考えていたとしており，「概念フレームワーク」もその考え方を引き継いでいるとしている。財政状態に関する情報と財務業績に関する情報を同等の重要性を持つものと考える理由として，「概念フレームワーク」は，報告企業の経済的資源と報告企業に対する請求権の識別と測定を行わなければ，財務業績に関する合理的に完全な情報を提供できないことを挙げている。

(3)　発生主義会計により反映される財務業績

①　発生主義会計の定義

「概念フレームワーク」は，発生主義会計について，取引その他の事象および状況が報告企業の経済的資源と報告企業に対する請求権に与える影響を，たとえそれによる現金の受取および支払が異なる期間に発生するとしても，それ

らの影響が発生する期間に描写するものであると定義している。

「概念フレームワーク」のこの記述は，IFRS基準において財務業績の計算書の表示を要求する論拠となっている。

②　発生主義会計の現金主義会計に対する優位性

「概念フレームワーク」は，報告企業の経済的資源と報告企業に対する請求権およびそれらの変動に関する情報の方が，その期間の現金収入と現金支払のみに関する情報よりも，報告企業の過去と将来の業績を評価するためのよりよい基礎を提供するとしている。

「概念フレームワーク」のこの記述は，現金主義会計よりも発生主義会計を支持していることを明確にしている。

③　発生主義会計による情報の有用性

「概念フレームワーク」は，ある期間中の報告企業の財務業績に関する情報は，投資者や債権者から追加的な資源を直接入手すること以外による報告企業の経済的資源と報告企業に対する請求権の変動を反映するものであり，報告企業が正味キャッシュ・インフローを生み出す過去と将来の能力を評価するうえで有用であるとしている。

また，財務業績に関する情報は，報告企業が利用可能な経済的資源をどの程度増加させたのかを示すものであり，（投資者や債権者から追加的な資源を直接入手することによってではなく）事業活動を通じて正味キャッシュ・インフローを生み出す能力を示すとしている。なお，ある期間中の報告企業の財務業績に関する情報は，利用者が報告企業の経済的資源に関する経営者の受託責任を評価するうえでも役立つ可能性があるとしている。

さらに，「概念フレームワーク」は，ある期間中の報告企業の財務業績に関する情報は，市場価格や金利の変動などの事象が，報告企業の経済的資源と報告企業に対する請求権をどの程度増減させ，それにより報告企業が正味キャッシュ・インフローを生み出す能力に影響を与えたかを示すこともあるとしてい

る。

　前述（本章第2節(5)参照）のとおり，「概念フレームワーク」は，主要な利用者が行う意思決定に影響を与える，リターンに対する期待を左右する要因として，「報告企業の経済的資源に関する経営者の受託責任に関する評価」を「報告企業への将来の正味キャッシュ・インフローの見通しに関する評価」と同列に並べることとした。このため，これまで正味キャッシュ・インフローの見通しに関する評価に言及していた箇所で，経営者の受託責任に関する評価についても言及している。

(4)　過去のキャッシュ・フローにより反映される財務業績

　「概念フレームワーク」は，ある期間中の報告企業のキャッシュ・フローに関する情報は，報告企業が将来の正味キャッシュ・インフローを生み出す能力と，報告企業の経済的資源に関する経営者の受託責任とを利用者が評価するうえでも役立つとしている。

　また，キャッシュ・フローに関する情報は，報告企業がどのように資金を獲得し，支出しているかを示すものであり，これには，負債の借入れと返済，投資者に対する現金配当その他の現金の分配，および報告企業の流動性または支払能力に影響を与える可能性のあるその他の要因に関する情報が含まれるとしている。

　さらに，キャッシュ・フローに関する情報は，利用者が報告企業の事業活動を理解したり，その財務活動と投資活動を評価したり，その流動性または支払能力を検討したり，財務業績に関するその他の情報を解釈したりするうえで役立つとしている。

　「概念フレームワーク」のこの記述は，キャッシュ・フロー計算書を表示する論拠となっている。

　発生主義会計により反映される財務業績に関する記述と同様に，過去のキャッシュ・フローにより反映される財務業績に関する記述においても，経営者の受託責

任に関する評価に言及している。

::

(5) 財務業績から生じたもの以外の経済的資源と請求権の変動

　「概念フレームワーク」は，報告企業の経済的資源と報告企業に対する請求権は，負債性金融商品や資本性金融商品の発行などの財務業績以外の理由によっても変動することがあり，この種の変動に関する情報は，報告企業の経済的資源と報告企業に対する請求権がなぜ変動したのか，また，それらの変動が将来の財務業績に及ぼす影響を，利用者に十分に理解させるために必要であるとしている。

第4節　報告企業の経済的資源の使用に関する情報

　「概念フレームワーク」は，報告企業の経営者がその報告企業の経済的資源を使用する責任をどれだけ効率的かつ効果的に果たしたのかに関する情報は，報告企業の経済的資源に関する経営者の受託責任を利用者が評価するうえで役立ち，そのような情報は，経営者が将来の期間において報告企業の経済的資源をどれだけ効率的かつ効果的に使用するのかの予測にも有用であることから，将来の正味キャッシュ・インフローについての報告企業の見通しを評価するうえで有用である可能性があるとしている。

　また，経営者が報告企業の経済的資源を使用する責任の例として，その報告企業の経済的資源について，価格や技術の変化などの経済的要因の不利な影響から保護することや，適用される法律，規則および契約上の定めを報告企業が遵守することを確実にすることなどがあるとしている。

2010年の概念フレームワークからの変更点

　本節の記述は新規に追加されたものである。

::

第2章
有用な財務情報の質的特性

■ 本章の概要

　「概念フレームワーク」の第2章は，主要な利用者が報告企業の財務情報に基づいて意思決定を行ううえで最も有用となる可能性の高い情報の種類を識別している。また，財務報告に関する一般的な制約についても論じている。

第1節　有用な財務情報の質的特性の意義

　前述（第1章第2節参照）のとおり，「概念フレームワーク」の第1章では，一般目的財務報告の目的は，主要な利用者が報告企業への資源の提供に関する意思決定を行ううえで有用な，その報告企業についての財務情報を提供することであるとしている。

　目的をこのように設定しただけで追加的なガイダンスもなくIASBがIFRS基準の開発を行った場合には，多くの論点について判断が求められることになるが，それらの論点についてどのように判断を行うべきかが問題となる。そこで「概念フレームワーク」の第2章では，一般目的財務報告の目的を適用するうえで必要な判断を行うための手順を示している。具体的には，ある財務情報が財務報告の目的を満たす場合に，その情報が有しているべき質的特性を識別し，記述している。また，財務報告に関する一般的な制約であるコストについても論じている。

第2節　基本的な質的特性と補強的な質的特性

　「概念フレームワーク」は，財務情報が有用である場合，その情報は目的適合性（（意思決定との）関連性，レリバンスと表現されることもある。）がなければならず，かつ，表現しようとしている対象を忠実に表現していなければならないとしている。目的適合性と忠実な表現の2つの質的特性は，基本的な質的特性と呼ばれ，これらの質的特性は，有用な財務情報の必須の要素とされる。すなわち，目的適合性のない現象の忠実な表現も，目的適合性のある現象の忠実でない表現も，利用者が適切な意思決定を行ううえで役立たないとしている。

　また，「概念フレームワーク」は，財務情報の有用性は，それが比較可能で，検証可能で，適時で，理解可能であれば，補強されるとしている。比較可能性，検証可能性，適時性および理解可能性の4つの質的特性は，補強的な質的特性

図表2-1　**基本的な質的特性と補強的な質的特性**

基本的な質的特性を車輪，補強的な質的特性を積荷に喩えると，
理想的に有用な財務情報は，積荷の多いトラックになる

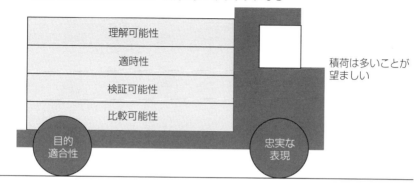

車輪は揃っていなければトラックとして有用ではない

と呼ばれ，これらの質的特性は，目的適合性があり，表現しようとしている対象の忠実な表現を提供する情報の有用性を補強する質的特性である。「概念フレームワーク」は，ある現象を描写する方法が２つ存在し，ともに同等に目的適合性のある情報を提供し，同等にその現象の忠実な表現を提供すると考えられる場合に，どちらの方法を採用するか決定するうえで，補強的な質的特性が役立つことがあるとしている。

　基本的な質的特性をトラックの車輪，補強的な質的特性をトラックの積荷に喩えると，理想的に有用な財務情報は，積荷の多いトラックになる（【**図表2-1**】参照）。

第3節　基本的な質的特性：目的適合性

(1) 定　義

　「概念フレームワーク」は，目的適合性のある財務情報は，利用者が行う意思決定に相違を生じさせるとしている。なお，情報は，一部の利用者が利用し

38

図表 2 - 2　目的適合性

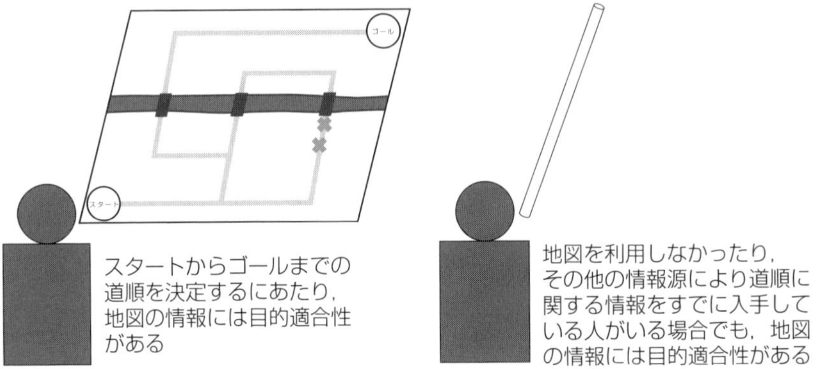

スタートからゴールまでの
道順を決定するにあたり，
地図の情報には目的適合性
がある

地図を利用しなかったり，
その他の情報源により道順に
関する情報をすでに入手して
いる人がいる場合でも，地図
の情報には目的適合性がある

ないことを選択する場合や，すでにその情報を他の情報源から入手している場合であっても，意思決定に相違を生じさせることができる場合があるとしている。

　目的適合性を説明するうえでよく用いられる喩えに，地図の話がある。スタート地点からゴール地点までの道順を決定するにあたり，地図の情報には目的適合性がある。地図があることによって，選ぶ道順が変わる（すなわち，意思決定に相違を生じさせる）ことがあるためである。しかし，スタート地点からゴール地点に向かう人が，すでにその道順をたどったことがあるために，地図を利用する必要がない場合がある。あるいは，すでに誰かに道順を聞いているために，地図を利用する必要がない場合がある。このように，地図を利用しなかったり，その他の情報源により道順に関する情報をすでに入手している人がいる場合であっても，地図の情報には目的適合性があるということになる（【図表 2 - 2】参照）。

Column (7)

目的適合性におけるwould vs. could

　1989年の概念フレームワークは，情報が利用者の意思決定に実際の相違を生じさせる場合にのみ，目的適合性があると定義していた。これは「would」の考え方と呼ばれ，この考え方のもとでは，ある情報が意思決定に相違を生じさせることを立証できない限り，その情報には目的適合性がないことになる。

　これに対し，「概念フレームワーク」は，ある情報が利用者の意思決定に相違を生じさせる可能性がある場合に，目的適合性があると定義している。これは「could」の考え方と呼ばれ，この考え方のもとでは，ある情報が意思決定に実際の相違を生じさせることを立証する必要は必ずしもなく，意思決定を生じさせる可能性があることを示せばよいことになる。

　「could」の考え方をとった場合，意思決定に相違を生じさせる可能性が少しでもあれば目的適合性があるという解釈もでき，その解釈をとった場合には，多くの情報に目的適合性があることになる。後述（本節(3)参照）するように，重要性は目的適合性の企業固有の一側面と考えられていることから，この点はIASBが重要性の定義を見直したときに問題となり，「概念フレームワーク」では，最終的に，意思決定に相違を生じさせることが「合理的に見込まれる（could reasonably expected）」場合に重要性があると記述している。

---

(2)　予測価値と確認価値

①　目的適合性との関係

「概念フレームワーク」は，財務情報は，予測価値，確認価値またはそれらの両方を有する場合には，意思決定に相違を生じさせることができるとしている。

　また，「概念フレームワーク」は，投資者や融資者その他の債権者による意思決定の多くは，資本性金融商品や貸付金その他の負債性金融商品への投資に係るリターンの金額と時期に関する非明示的または明示的な予測を基礎としているため，情報がそれらの意思決定に相違を生じさせることができるのは，利

40

用者が新たな予測を行うか，過去の予測を確認もしくは修正するか，またはその両方に役立つ場合に限られるとしている。

② 予測価値

「概念フレームワーク」は，利用者が将来の結果を予測するために用いるプロセスへのインプットとして利用できる場合には，情報に予測価値があるとしている。また，予測価値のある情報は，利用者が自らの予測を行う際に使用されるものであり，財務情報が予測価値を有するうえで，その情報自体が予測や見込みである必要はないとしている。

なお，統計学の世界では，ある系列において次の数字を予知することができる精度を予測可能性といい，ある系列の数字の変動について，過去の変動と同様に変動する傾向を持続可能性というが，「概念フレームワーク」は，予測価値の概念はこれらの概念とは異なるものであるとしている。

③ 確認価値

「概念フレームワーク」は，財務情報が過去の評価に関するフィードバックを提供する（すなわち，過去の評価を確認するかまたはこれを変更する）場合には，その情報に確認価値があるとしている。

④ 予測価値と確認価値の関係

「概念フレームワーク」は，財務情報の予測価値と確認価値は相互に関連しており，予測価値を有している情報は確認価値も有していることが多いとしている。たとえば，当年度の売上高に関する情報は，将来の年度の売上高を予測するための基礎として利用できるため予測価値を有しているが，過去に行った当年度についての売上高の予測と比較することもでき，過去の予測に使用されたプロセスを修正し，改善するうえで役立つ可能性があるため確認価値も有していることになる（【図表2-3】参照）。

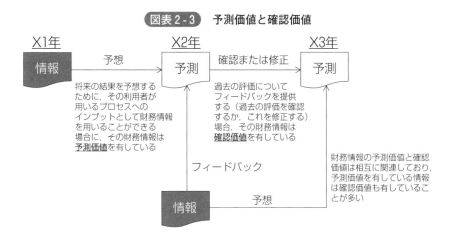

図表 2 - 3　予測価値と確認価値

(3)　重要性

「概念フレームワーク」は，重要性の概念と目的適合性の概念の関係について言及している。具体的には，情報は，その脱漏または誤表示により，特定の報告企業に関する財務情報を提供する一般目的財務報告書に基づいて主要な利用者が行う意思決定に影響する可能性がある場合には，重要性があるとしている。

　また，「概念フレームワーク」は，重要性は目的適合性の企業固有の一側面であり，個々の報告企業の財務報告書の文脈においてその情報が関連する項目の性質もしくは大きさ（またはその両方）に基づくものであり，したがって，IASBは，重要性についての統一的な量的閾値を明示することや，特定の状況において何が重要性のあるものとなり得るのかを前もって決定することはできないとしている（【図表 2 - 4】参照）。

42

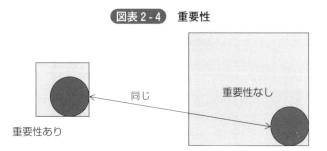

図表2-4　重要性

同じ

重要性なし

重要性あり

同じ情報であっても，その情報に重要性があるかどうかは，個別の報告企業の
財務報告書における情報の性質，規模，またはその両方に依存する

2010年の概念フレームワークからの変更点 ･････････････････････････････････

　2010年の概念フレームワークにおける重要性の定義は利用者に言及していたもの
の，第1章で言及している「主要な利用者」との関係が明らかではないとの指摘を
受けていたことから，「概念フレームワーク」では重要性の定義における利用者が第
1章で言及している「主要な利用者」（第1章第2節(3)参照）であることを明確にし
ている。
･･･

第4節　基本的な質的特性：忠実な表現

(1) 定　義

　「概念フレームワーク」は，財務報告書は，経済現象を言語と数字で表現す
るものであり，財務情報が有用であるためには，目的適合性のある現象を表現
するだけでなく，表現しようとしている現象の実質を忠実に表現しなければな
らないとしている。また，多くの状況においては，経済的現象の実質と法的形
式は同じであるものの，それらが同じでない場合には，その法的形式のみに関
する情報の提供は，経済現象を忠実に表現しないとしている。

「信頼性」の「忠実な表現」への置換え

　1989年の概念フレームワークから2010年の概念フレームワークにおける大きな変更点は，「信頼性」という表現が「忠実な表現」に置き換わったことである。

　IASBはこの変更の理由について，「信頼性」という用語について共通の理解がなかったことを挙げている。たとえば，「検証可能性」または「重要な誤謬がないこと」に焦点を当て，忠実な表現を度外視している人もいれば，忠実な表現により重点を置き，場合によっては中立性と組み合わせて考える人もいたとしている。また，信頼性が「正確性」を意味すると考えている人もいたとしている。

　IASBは「信頼性」の意味するところを説明する試みが成功しなかったため，意図されていた意味（すなわち，財務報告において経済現象を忠実に描写すること）をより明確に伝える別の用語として，「忠実な表現」を選択したとしている。

2010年の概念フレームワークからの変更点

　2010年の概念フレームワークにおいて，1989年の概念フレームワークにおいて言及されていた「形式に対する実質の優先」の考え方が削除された。形式に対する実質の優先が，忠実な表現の独立の要素とは考えられず，重複になると考えられたためである。IASBは，基礎となる経済現象の経済的実質とは異なる法的形式を表現することは忠実な表現をもたらさないと考えていた。

　しかし，2010年の概念フレームワークにおいて「形式に対する実質の優先」への言及を削除したことが，一部の関係者により，IASBがもはや経済現象の実質の描写を約束しなくなったと解釈された。そのような誤解を解消し，意図を明確にするため，「概念フレームワーク」は，経済現象の実質を忠実に表現する必要性への言及を復活させている。

⑵　完璧に忠実な表現が有する3つの特性

①　3つの特性

「概念フレームワーク」は，完璧に忠実な表現であるためには，描写は3つ

の特性，すなわち，完全性，中立性および無謬性を有しているとしている。ただし，完璧に忠実な表現は仮に達成可能であったとしても稀であり，IASBの目的はそれらの特性を可能な限り最大化することであるとしている。

②　完全性

「概念フレームワーク」は，完全な描写は，描写しようとしている現象を利用者が理解するうえで必要なすべての情報（すべての必要な記述および説明を含む。）を含んでいるとしている。たとえば，ある資産グループの完全な描写は，最低限，そのグループの資産の性質の記述，そのグループの資産のすべての数値的な描写，およびその数値的な描写が何を表しているのか（たとえば，歴史的原価または公正価値）の記述を含むことになるとしている。また，項目によっては，完全な描写には，その項目の特質（quality）と性質（nature)に関する重要な事実，それらの特質と性質に影響を与える可能性のある要因と状況，および数値的な描写を決定するのに使用したプロセスなどが含まれることもあるとしている。

③　中立性

「概念フレームワーク」は，中立性がある描写は，財務情報の選択または表示に偏りがないものであり，財務情報が利用者にとって有利または不利に受け取られる確率を増大させるための，歪曲，ウェイト付け，強調，軽視その他の操作が行われていないものであるとしている。

　中立性を説明するうえでよく用いられる喩えに，自動車のスピードメーターの話がある。スピードの出し過ぎを抑制するために，意図的に実際よりも速い速度をスピードメーターが表示するように細工することを考える。細工をされたスピードメーターによって表示される情報は偏っており，中立性が損なわれている。また，その偏った情報だけでは，実際の速度がわからないため，速度について忠実な表現ではなくなっている（【図表2-5】参照）。

　「概念フレームワーク」は，情報に中立性があるということは，その情報に

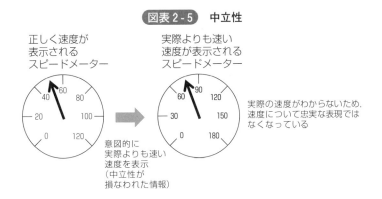

図表2-5　中立性

正しく速度が
表示される
スピードメーター

実際よりも速い
速度が表示される
スピードメーター

実際の速度がわからないため，
速度について忠実な表現では
なくなっている

意図的に
実際よりも速い
速度を表示
（中立性が
損なわれた情報）

目的がないことや，行動に影響しないことを意味するものではないとしている。中立性は基本的な質的特性の1つである忠実な表現を支える特性の1つであるが，もう1つの基本的な質的特性である目的適合性は，その定義により，利用者の意思決定に相違を生じさせるものであるとしており（本章第3節(1)参照），有用な財務情報はこれらの基本的な質的特性の両方を有している必要があるとしている。

　「概念フレームワーク」は，中立性が，慎重性の行使によって支えられるものであるとし，ここで慎重性とは，不確実性のある状況において判断を行う際に注意を行使することであり，慎重性を行使するということは，資産と収益を過大表示せず，負債と費用の過小表示しないことを意味するとしている。同時に，慎重性を行使するということは，資産と収益の過小表示や負債と費用の過大表示を認めるものではないとしている。そのような誤表示は，将来の期間における収益の過大表示または費用の過小表示につながる可能性があるためである。

　慎重性の行使に関して，「概念フレームワーク」は，非対称性（たとえば，資産または収益の認識を裏付けるうえで，負債または費用を認識する場合よりも説得力の高い証拠を体系的に要求するなど）の必要性を含意するものではなく，そのような非対称性は，有用な財務情報の質的特性ではないとしている。ただし，表現しようとしている対象を忠実に表現する最も目的適合性の高い情

報を選択することを意図した意思決定の結果である場合には，特定のIFRS基準が非対称な要求事項を含む可能性があるとしている。

中立性と保守主義

1989年の概念フレームワークは，中立性および慎重性について次のように記述していた。

> 「財務諸表に記載される情報は，それが信頼性を有するためには，中立である，すなわち偏向がないものでなければならない。財務諸表は，あらかじめ決められた結果または成果を達成するために，情報を選択しまたは表示することによって意思決定または判断の行使に影響を及ぼす場合は中立であるとはいえない。
>
> しかし，財務諸表の作成者は，多くの事象および状況に不可避的に伴う不確実性，たとえば，不良債権の回収可能性，工場および設備の見積耐用年数ならびに生じ得る保証請求件数の見積りなどに対処しなければならない。このような不確実性は，その性質および程度を開示することにより，また財務諸表の作成に際して慎重性を行使することにより認識される。慎重性は，不確実性の状況下で要求される見積りにあたって必要とされる判断の行使に際して，資産または収益の過大表示および負債または費用の過小表示とならないように，ある程度の用心深さを要求するものである。しかし，慎重性の行使によって，たとえば，秘密積立金もしくは過大な引当金の計上，資産もしくは収益の故意の過小表示または負債もしくは費用の故意の過大表示となることは，財務諸表が中立性を失い，したがって信頼性の特性を有しなくなるため，容認されるものではない。」

2010年の概念フレームワークは，慎重性や保守主義を忠実な表現の特徴に含めなかった。中立性と整合しないとIASBが考えたためである。2010年の概念フレームワークは，過度に楽観的であると考えられる経営者による見積りの一部について，保守的な見積を意図的に反映することが望ましいと考えられる状況が存在することはあるものの，1989年の概念フレームワークのように，意図的な誤表示を禁止したとしても，慎重であるようにという警告は，バイアスをもたらす可能性が高いと述べている。

また，前述の自動車のスピードメーターの喩え（【図表 2 - 5】参照）の

ように，財務情報がつねに同じ方向に偏っていることは少ないと考えられる。2010年の概念フレームワークは，ある会計期間における資産の過小評価または負債の過大評価は，その後の期間における財務業績の過大表示につながることが多く，そのような結果には慎重性がなく，中立性もないと述べている。

Column（10）

2つの慎重性

「概念フレームワーク」を開発する過程で，IASBは，関係者が「慎重性」という用語を異なる意味で用いていることを指摘した。具体的には，2つの意味で用いられていたとしている。

(1)　「注意深い慎重性」

不確実性の状況下で判断を行ううえで注意深くあること。収益または資産に関する判断において，費用または負債に関する判断よりも多くの注意を必要としない。

(2)　「非対称な慎重性」

体系的に非対称性を適用すること。すなわち，費用を収益よりも早い段階で認識すること。この立場をとる者の間で，非対称性を達成する方法や，どの程度，非対称性を達成すべきなのかについての見解はさまざまである。たとえば，次のような見解がある。

　(i)　収益または資産の認識を裏付けるためには，費用または負債の認識よりも説得力の高い証拠を要求するべきである。

　(ii)　損失を利得よりも早い段階で認識する測定基礎の選択を要求するべきである。

「概念フレームワーク」は，これらの考え方の違いにより，中立性についての考え方も関係者の間で異なっていたとしている。

2010年の概念フレームワークからの変更点

2010年の概念フレームワークにおいて「慎重性」という用語を削除したことにより，混乱が生じ，場合によってはこの用語の用法がさらにばらついたと考えられた。また，一部の関係者が，「慎重性」という用語が削除されたことから，IFRS基準によって作成された財務情報には中立性はなく，実際のところ慎重性を欠くものであると主張した。

　IASBは，「慎重性」という用語を「概念フレームワーク」において再導入したうえで，注意は両方の方向に働いて，資産と負債が過大表示も過小表示もされないようにするものであることを明確に説明することとした。「概念フレームワーク」は，「注意深い慎重性」（Column（10）参照）が資産，負債，資本，収益および費用の忠実な表現を達成するうえで役立つ可能性があることから，この考え方に基づいて「慎重性」を定義している。

　「概念フレームワーク」は，「非対称な慎重性」（Column（10）参照）の考え方を忠実な表現の説明に含めていない。資産と負債または収益と費用の会計処理において非対称性を体系的に要求することは，財務情報に目的適合性と忠実な表現を要求していることと矛盾する可能性があるためである。しかし，「概念フレームワーク」は，すべての非対称性が中立性と矛盾するわけではなく，IASBが，表現しようとしている対象を忠実に表現する最も目的適合性の高い情報をもたらすことを報告企業に要求すると考える意思決定を行ったことの結果として，IFRS基準が非対称な要求事項を含む可能性があるとしている。

④　無謬性

　「概念フレームワーク」は，忠実な表現がすべての点で正確であることを意味するものではないとしている。具体的には，無謬性とは，その現象の記述に誤謬や脱漏がなく，報告された情報を作成するうえで用いられたプロセスが，誤謬なく選択され，適用されることであるとしている。たとえば，観察不能な価格の見積りが正確であるかどうかは判断できないものの，その金額が見積りであることが明確かつ正確に記述され，見積プロセスの性質とその限界が説明され，さらに，見積りを行うための適切なプロセスが選択され，そのプロセスが適用される過程で誤謬がなければ，その見積りについての表現は，忠実な表現となる可能性があるとしている。

(3)　忠実な表現と財務情報の有用性

①　合理的な見積りと忠実な表現

　「概念フレームワーク」は，財務報告書における貨幣金額が直接に観察できず，見積らなければならない場合には，測定の不確実性が生じるものの，合理的な見積りの使用は財務情報の作成の不可欠な一部分であり，その見積りにつ

いて，明確かつ正確に記述され，説明される場合には，その情報の有用性を損なうものではなく，たとえ測定の不確実性のレベルが高くても，そうした見積りが有用な情報を提供することを妨げるものではないとしている。

2010年の概念フレームワークからの変更点

2010年の概念フレームワークは，見積りの不確実性が非常に大きい場合には，その見積りは有用ではないことがあると述べ，資産の減損を例に挙げ，見積りの不確実性が非常に大きい場合には，忠実に表現しようとしている資産の目的適合性に疑問が残るとしていた。

「概念フレームワーク」を開発する過程で，見積りの不確実性の水準と見積りの有用性の関係について明確化することになった。IASBは，公開草案において，測定の不確実性が財務情報の目的適合性にどのように影響を与えるのかを論じていたが，この公開草案に対するコメント提出者の一部は，測定の不確実性は目的適合性の一側面ではなく，忠実な表現の一側面であると主張した。IASBはこの主張を受け入れ，記述を改めることとした。IASBは，測定の不確実性を忠実な表現の一側面として扱う方が，目的適合性と忠実な表現の2つの基本的な質的特性の間のトレード・オフという考え方（後述の本章第5節参照）と整合的であるとしている。

②　後入先出法（LIFO法）と忠実な表現

後入先出法（LIFO法）とは，最も新しく取得した棚卸資産から払い出され，期末の棚卸資産は最も古く取得したものからなると仮定する，棚卸資産の原価算定方式である。

1993年12月に公表されたIAS第2号「棚卸資産」は，個別法によって評価されている棚卸資産を除く，棚卸資産の原価算定方式の代替処理として，LIFO法によることを認めていたが，2003年12月のIAS第2号の改訂により，LIFO法は認められないこととなった。LIFO法は最も新しく取得した資産がはじめに販売されたとみなし，期末の棚卸資産は，最も古く取得したものであるかのように扱うが，この扱いは，一般に，実際の棚卸資産のフローを忠実に反映しないためである。

なお，この改訂は，LIFO法に類似したかたちで個別法が適用されることを排除していない。

50

第5節　基本的な質的特性の適用

「概念フレームワーク」は，基本的な質的特性を適用するための最も効率的かつ効果的なプロセスは，【図表2-6】のようになると述べている。なお，このプロセスは，後述する補強的な質的特性とコストの制約を受けるが，ここでは考慮していない。

「概念フレームワーク」は，場合によっては，財務報告の目的を満たすうえで，基本的な質的特性の間のトレード・オフが必要となる可能性があるとしている。

　ある現象に関する最も目的適合性の高い情報が，非常に不確実性が高い見積

図表2-6　基本的な質的特性の適用

手順1

報告企業の財務情報の利用者にとって関連する情報が有用となる可能性がある経済現象を識別する

手順2

その経済現象に関する情報のうち最も目的適合性が高いと考えられる種類の情報を識別する

手順3

その情報が利用可能か，また，その情報が経済現象の忠実な表現を提供できるかどうかを判断する

いいえ → その次に目的適合性の高い種類の情報を識別し，手順3を繰り返す

はい

プロセス終了

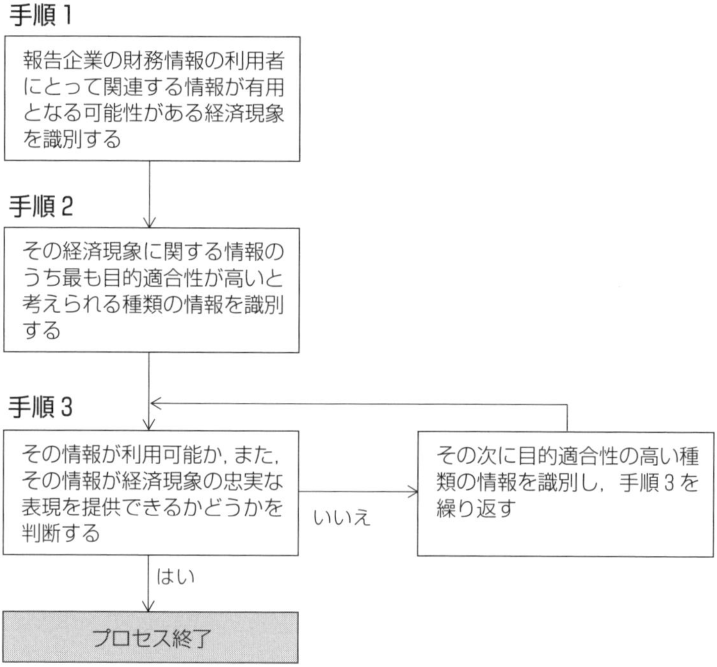

りであり，場合によっては，見積りを行うことに伴う測定の不確実性の水準が
非常に高いため，その見積りがその現象の十分に忠実な表現を提供するのかど
うかが疑問となることがある。「概念フレームワーク」は，このような場合に，
最も有用な情報が，その非常に不確実性が高い見積りを用いたうえで，その見
積りに関する記述とそれに影響を与える不確実性の説明を付したものであるこ
ともあれば，目的適合性は少し低くなるものの，測定の不確実性が低い別の種
類の見積りを含むことがあるとしている。また，限定的な状況において，有用
な情報を提供する見積りがなく，見積りに依拠しない情報を提供することが必
要となる可能性があるとしている。

2010年の概念フレームワークからの変更点

　1989年の概念フレームワークは，目的適合性と信頼性（「概念フレームワーク」で
は「忠実な表現」に置き換えられている。Column（8）参照。）との間のトレード・オ
フに言及していたものの，2010年の概念フレームワークにはそのような記述を含め
ていなかった。ただし，2010年の概念フレームワークは，目的適合性のない現象の
忠実な表現も，目的適合性のある現象の忠実でない表現も，利用者が有用な意思決
定を行ううえで役立たないと述べていた。

　「概念フレームワーク」を開発する過程で，質的特性間のトレード・オフという考
え方についての議論がないことについて懸念が関係者から示された。主要な懸念は，
情報の目的適合性と，その情報についての測定の不確実性の許容可能な水準の間の
関係についてであった。そこで，「概念フレームワーク」は，測定の不確実性につい
て，忠実な表現を提供することが可能かどうかに影響を与える可能性のある要因と
して記述し，また，基本的な質的特性の適用プロセスに従えば，目的適合性と忠実
な表現との間のトレード・オフが必要になる場合があることを明確化した。IASB
は，このように記述することで，場合によっては，測定の不確実性が高い見積りで
あっても有用な情報を提供することがあることを説明するうえで役立つと考えたと
している。

　なお，2010年の概念フレームワークにおける基本的な質的特性の適用プロセスに
関する記述において，（情報が有用となる）「潜在能力を有する」という表現を用い
ていたが，「概念フレームワーク」における経済的資源の定義における「潜在能力」
という用語との混同を避けるため，（情報が有用となる）「可能性がある」に置き換
えている。

第6節　補強的な質的特性：比較可能性

(1)　定　義

　「概念フレームワーク」は，たとえば，投資を売却するか継続して保有するか，あるいは投資先をある報告企業にするのか他の報告企業にするのかなど，利用者の意思決定は代替案の間の選択を伴うものであることから，報告企業に関する情報は，他の報告企業に関する類似の情報や，別の期間または別の日の同一の報告企業に関する類似の情報と比較できる場合には，より有用であるとしている。すなわち，比較可能性は，項目間の類似点と相違点を利用者が識別し，理解することを可能にする質的特性である。

(2)　首尾一貫性との関係

　「概念フレームワーク」は，首尾一貫性とは，同一の報告企業が複数の期間にわたり，あるいは複数の報告企業が同一の期間において，同一の項目に同一の方法を用いることであるとしたうえで，比較可能性は目標であるのに対し，首尾一貫性はこの目標を達成するうえで役立つものであるという関係にあることから，両者は同じではないとしている。

(3)　画一性との関係

　「概念フレームワーク」は，比較可能性があるということは，画一性があるということではないとしている。すなわち，情報が比較可能となるためには，同じものは同じように見え，異なるものは異なるように見えなければならないとしている。また，同じものを異なるように見せることで比較可能性が向上しないのと同様に，同じでないものを同じように見せることで比較可能性が向上するものではないとしている（【図表2-7】参照）。

　「概念フレームワーク」のこの記述は，同一の資産であればその保有意図に

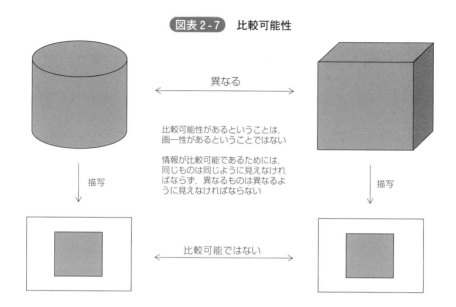

図表 2 - 7　比較可能性

異なる

比較可能性があるということは，
画一性があるということではない

情報が比較可能であるためには，
同じものは同じように見えなけれ
ばならず，異なるものは異なるよ
うに見えなければならない

描写　　　　　　　　　　　　　　描写

比較可能ではない

かかわらず，すべて同じ測定基礎を用いるということには必ずしもならず，資
産の保有目的が異なる場合には異なる測定基礎を用いることもあり得ると主張
するうえで，引用されることがある。

(4)　基本的な質的特性との関係

「概念フレームワーク」は，基本的な質的特性を有している項目の間では，
ある程度の比較可能性が達成されるとしている。すなわち，目的適合性のある
経済事象の忠実な表現は，おのずと，他の報告企業による類似の目的適合性の
ある経済事象とある程度の比較可能性を有しているはずであるとしている（【図
表 2 - 8】参照）。

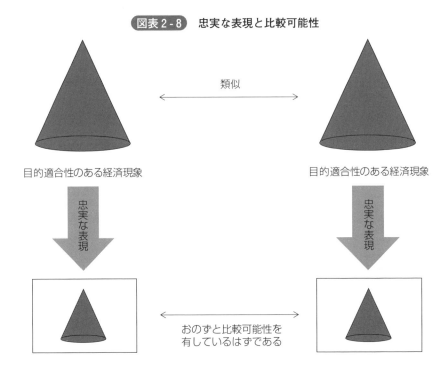

図表2-8　忠実な表現と比較可能性

類似

目的適合性のある経済現象　　　　　　　　　　目的適合性のある経済現象

忠実な表現　　　　　　　　　　　　　　　　　忠実な表現

おのずと比較可能性を
有しているはずである

(5)　複数の会計処理が考えられる場合

　「概念フレームワーク」は，1つの経済現象について複数の方法で忠実に表現することができたとしても，同一の経済現象について代替的な会計処理方法を認めることは，比較可能性を低下させるとしている。

(6)　補強的な質的特性となる理由

　1989年の概念フレームワークでは，比較可能性は目的適合性や忠実な表現と同様に重要な質的特性であると述べていた。しかし，容易に比較可能でない場合であっても，目的適合性があり表現しようとする対象を忠実に表現する情報は，有用であり，逆に，比較可能な情報であっても，目的適合性がない場合は有用ではなく，表現しようとする対象を忠実に表現していない場合は誤解を招

く可能性があることから，「概念フレームワーク」は，比較可能性を基本的な質的特性とはせず，補強的な質的特性としている。

　「概念フレームワーク」の比較可能性に関する記述は，会計基準において報告企業が任意に選択できる選択肢を設けるべきではない理由として引用されることが多い。また，前述の使い方とは逆に，同一の資産であればその保有意図にかかわらず，すべて同じ測定基礎を用いるべきであると主張する際に，この記述が引用されることがある。

第7節　補強的な質的特性：検証可能性

(1)　定　義

　「概念フレームワーク」は，検証可能性とは，知識を有する独立した別々の観察者が，必ずしも完全な一致ではないにしても，特定の描写が忠実な表現であるという合意に達することができることであり，表現しようとする経済現象を忠実に表現していることを利用者に確信させるうえで役立つとしている。

　なお，「概念フレームワーク」は，定量化された情報が検証可能であるために，それが単一の金額の見積り（いわゆる点推定値）である必要はなく，考えられる金額の範囲とそれに関連した確率も検証することができるとしている。

(2)　直接的な検証と間接的な検証

　「概念フレームワーク」は，検証には，直接的な検証と間接的な検証があるとしている。

　直接的な検証とは，直接的な観察を通じて金額その他の表現を検証することを意味し，例としては，現金の実査が挙げられるとしている。

　また，間接的な検証とは，モデル，算式その他の技法へのインプットを点検し，同じ手法によりアウトプットを再計算することを意味するとしており，例としては，棚卸資産の帳簿価額について，インプット（数量および原価）を点

56

図表 2 - 9　検証可能性

[直接的な検証]－直接的な観察を通じて金額その他の表現を検証

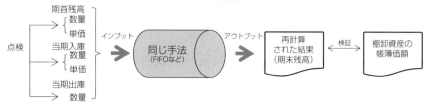

[間接的な検証]－モデル，算式その他の技法のインプットを点検し，
　　　　　　　同じ手法によりアウトプットを再計算

検したうえで，期末の棚卸高を同じ評価方法（先入先出法（FIFO法）等）を用いて再計算することによって検証することが挙げられるとしている（**【図表2-9】**参照）。

　なお，「概念フレームワーク」は，説明や将来予測的情報のなかには，将来の期間まで検証できないものがあるが，利用者がその情報を利用したいかどうかを判断するうえで役立つように，通常，基礎となる仮定，情報の収集方法，およびその情報の根拠となる他の要因と状況を開示することが必要であるとしている。

(3)　補強的な質的特性となる理由

　「概念フレームワーク」は，検証可能な財務情報は，自信を持って利用することができ，検証不能である場合には，財務情報は必ずしも有用でなくなることにはならないものの，財務情報が，報告企業が表現しようとする対象を忠実に表現していないリスクが大きくなるため，財務情報の利用者は，より用心深くなる可能性が高いとしている。

　「概念フレームワーク」を開発する過程で，検証可能性を忠実な表現の特徴

の 1 つとすることが提案された。一方，検証可能性を忠実な表現の構成要素で
あるとした場合，容易に検証できない情報が除外される可能性があることが指
摘された。予想キャッシュ・フロー，耐用年数，および残存価額等，目的適合
性のある財務情報を提供するうえで非常に重要な，将来を見越した見積りは，
直接検証することができないものの，これらの見積りに関する情報を除外した
場合には財務報告書の有用性が著しく低下してしまうことから，「概念フレー
ムワーク」は，検証可能性について，非常に望ましいものであるが，必ずしも
要求されない補強的な質的特性としたとしている。

第8節　補強的な質的特性：適時性

(1)　定　義

「概念フレームワーク」は，適時性とは，意思決定者の決定に影響を与える
ことができるように適時に情報を利用可能とすることであり，一般的に，情報
が古くなればなるほど，その有用性は低くなるものの，トレンド分析に必要な
情報等，長期間にわたり適時性を有する情報もあるとしている。

(2)　補強的な質的特性となる理由

1989年の概念フレームワークは，財務情報の目的適合性を損なう可能性のあ
る制約として適時性について記述していた。

「概念フレームワーク」を開発する過程で，IASBは適時性を目的適合性の特
徴の 1 つとすることを提案した。しかし，適時性は，予測価値や確認価値と同
様の目的適合性の特徴とするべきではないとの指摘を受け，この提案を撤回し
た。

「概念フレームワーク」は，適時性は，非常に望ましい質的特性であるもの
の，目的適合性や忠実な表現ほど重要なものではないとしている。すなわち，
適時性のある情報は，その情報に目的適合性があり，かつ，忠実に表現されて

58

いる場合にのみ有用であり，逆に，目的適合性があり，かつ，忠実に表現された情報は，たとえ望ましい時期に報告されない場合であっても，特に事後の確認において有用であることがあるとしている。

第9節　補強的な質的特性：理解可能性

(1)　定　義

「概念フレームワーク」は，理解可能性とは，財務情報が理解しやすいことであり，分類し，特徴付けし，明瞭かつ簡潔に表示することにより，財務情報は理解しやすくなるとしている。

(2)　理解可能性の限界

「概念フレームワーク」は，経済現象のなかには，本質的に複雑で理解が容易にはならないものがあり，そうした現象に関する情報を財務報告書から除外すれば，それらの財務報告書の情報は理解しやすくなるものの，そのような財務報告書には完全性がなく，利用者の誤解を招く可能性があるとしている（【図表2-10】参照）。

(3)　前提とする利用者

「概念フレームワーク」は，財務報告書は，事業と経済活動について合理的な知識を有し，情報を入念に検討し分析する利用者のために作成されるとし，時には，十分な情報を有する勤勉な利用者であっても，複雑な経済現象に関する情報を理解するために助言者の支援を求める必要がある場合もあるとしている（【図表2-10】参照）。

　この記述は，IFRS基準になじみがない利用者のためにIFRS基準の内容そのものを財務報告書に記述するべきであるという主張に対し，「概念フレームワーク」が前提としている利用者はIFRS基準について理解しているはずであ

図表 2 - 10　理解可能性

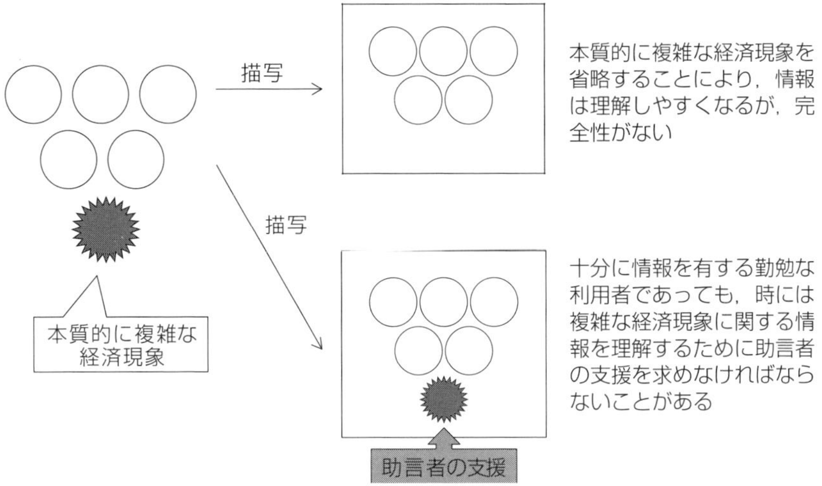

描写

本質的に複雑な経済現象を省略することにより，情報は理解しやすくなるが，完全性がない

本質的に複雑な経済現象

描写

十分に情報を有する勤勉な利用者であっても，時には複雑な経済現象に関する情報を理解するために助言者の支援を求めなければならないことがある

助言者の支援

り，そのような記述は不要であると反論する際に引用されることがある。

　「概念フレームワーク」が前提とする利用者を説明するうえでよく用いられる喩えに，自動車を運転する人の話がある。自動車を運転する人は，必ずしもエンジンを組み立てるための知識を有している必要はないものの，少なくともエンジンのかけ方や止め方についての知識を有している必要がある。同様に，財務情報を用いるにあたり，その財務情報の利用者は，公認会計士や証券アナリストといった専門家である必要はないものの，少なくとも財務報告書の読み方は学習している必要がある。

(4)　補強的な質的特性となる理由

　「概念フレームワーク」は，従前の概念フレームワークが，理解可能性や前提とする利用者について記述しているにもかかわらず，誤解は根強く存在しているとしている。たとえば，新しい会計手法が意思決定に有用な財務情報を報告することになるにもかかわらず，利用者の一部がその情報を理解することができない可能性があるため，その新しい会計手法を導入すべきでないという意

見が寄せられることがあり，このような意見は，理解可能性が目的適合性よりも重要であることを前提にしていると述べている。

　また，「概念フレームワーク」は，理解可能性を考慮することが本質的なことであるとすれば，ある財務情報に目的適合性があり，かつ，それが忠実に表現されている場合であっても，非常に複雑であることを理由にその情報を報告しないことが適切である可能性があることになるが，それは不適切であるとしている。理解可能性を補強的な質的特性に分類することにより，「概念フレームワーク」は，理解が難しい情報を可能な限り明瞭に表示し，説明することを要求している。

第10節　補強的な質的特性の適用

　「概念フレームワーク」は，補強的な質的特性は，可能な限り最大化しなければならないとしている。しかし，補強的な質的特性は，単独でもグループとしても，その情報に目的適合性がない場合や，表現しようとしている対象の忠実な表現を提供しない場合には，情報を有用なものとすることができないとしている。

　また，「概念フレームワーク」は，時には，ある補強的な質的特性を，別の質的特性を最大化するために減少させなければならないこともあるとしている。たとえば，新しいIFRS基準を将来に向かって適用することは，一時的な比較可能性の低下を招く可能性があるが，長期的に目的適合性または忠実な表現を向上させるうえで，行う価値がある場合もあるとしている。ただし，その場合には，適切な開示により，比較可能性の欠如が部分的に補われることがあるとしている。

olumn(11)

採用されなかった質的特性

　2010年の概念フレームワークを開発する過程で，透明性，高品質，内的整合性，真実かつ公正な概観または公正な表示が，財務情報の望ましい質的特性として提案された。しかし，これらの質的特性は，目的適合性と忠実な表現の2つの基本的な質的特性を有し，かつ，比較可能性，検証可能性，適時性および理解可能性により補強される情報を別の形で表現しているだけであるため，「概念フレームワーク」はこれらの質的特性を採用しなかったとしている（内的整合性については，Column(12)参照）。

　また，これまでのIFRS基準の開発においてIASBが論拠に挙げたことのある，単純性，運用可能性，実行可能性または実務性，および受入可能性といった判断規準については，有用な財務情報を提供することの便益とコストの全体的な考量の一部であることを理由に，「概念フレームワーク」の質的特性としていない。

olumn(12)

内的整合性

　内的整合性は，わが国の企業会計基準委員会（ASBJ）が2006年12月に公表した討議資料「財務会計の概念フレームワーク」（以下，「ASBJの討議資料」という。）において会計情報の質的特性として記述されていたものであったため，「概念フレームワーク」を開発する過程で，IASBもこれを質的特性とするかどうかが検討された。

　ASBJの討議資料は，会計情報が利用者の意思決定にとって有用であるためには，会計基準が内的整合性を満たしていなければならないとしたうえで，一般に，ある個別の会計基準が，会計基準全体を支える基本的な考え方と矛盾しないとき，その基準は内的整合性を有しているとしている。

　これに対し，内的整合性をもたらさないことを理由に，財務報告書の目的適合性，忠実な表現，比較可能性または理解可能性等を改善する会計基準の発展を妨げるおそれがあるとの考えから，IASBは内的整合性を有用な財務情報の質的特性に加えないこととしたとしている。

第11節　有用な財務報告に対するコスト制約

(1)　一般的な制約としてのコスト

「概念フレームワーク」は，コストは，財務報告により提供され得る情報に関する一般的な制約であるとしている。すなわち，財務情報の報告にはコストがかかるものであり，それらのコストがその情報を報告することによる便益により正当化されることが重要であるとしている。

前述のトラックの喩え（【図表2-1】参照）をさらに発展させて，「便益」を液体の比重，「コスト」を浮かべて遊ぶおもちゃのトラックの比重に喩えると，そのおもちゃのトラックが液体に浮く場合にのみ，浮かべて遊ぶおもちゃとして有用であるということになる（【図表2-11】参照）。車輪が大きく，積荷の多いおもちゃのトラックであっても，液体に沈んでしまう場合には，それは浮かべて遊ぶおもちゃとして有用ではない。すなわち，情報が基本的な質的特性と補強的な質的特性をどれだけ有していても，そのコストが便益を上回る場合には，情報の提供が正当化されないことになる。

「概念フレームワーク」は，コストは，会計基準設定主体だけではなく，財務情報の作成者と利用者が新しい財務報告に関する要求事項を導入した場合の便益を検討するうえで念頭に置くべき，一般的な制約であるとしている。すなわち，コストは，情報の質的特性ではなく，情報を提供するために用いられるプロセスの特性であるとしている。

(2)　コストの負担者

「概念フレームワーク」は，財務情報の収集，加工，検証および配布に労力の大半を費やすのは財務情報の作成者であるものの，リターンの低下というかたちで最終的にコストを負担するのは，財務情報の利用者であるとしている。

また，「概念フレームワーク」は，財務情報の利用者は，提供された情報の

図表 2 - 11　有用な財務情報の質的特性とコストの制約

便益を液体の比重，コストを浮かべて遊ぶおもちゃのトラックの比重に喩えると，
おもちゃのトラックが液体に浮く場合にのみ，浮かべて遊ぶおもちゃとして有用である

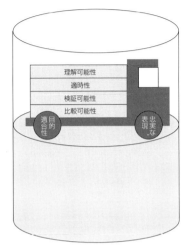

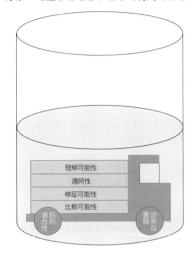

便益 ＞ コスト
情報の提供が正当化される

コスト ＞ 便益
情報の提供が正当化されない

分析や解釈に関するコストを負担しており，必要な情報が提供されない場合に
は，その情報を他から入手するかまたはこれを見積るための追加的なコストを
負担するとしている。

(3)　便益の享受者

「概念フレームワーク」は，目的適合性があり，表現しようとしている対象
を忠実に表現する財務情報を報告することは，財務情報の利用者がより高い確
信を持って意思決定をするうえで役立ち，これにより，資本市場の機能の効率
を高め，経済全体にとっての資本コストを低くすることになるとしている。

また，「概念フレームワーク」は，個々の投資者や融資者その他の債権者も，
より詳しい情報に基づいて意思決定を行うことにより便益を享受するものの，
個々の利用者が目的適合性があると考える情報のすべてを一般目的財務報告書

64

が提供することは不可能であるとしている（第1章第2節(6)参照）。

⑷　コストと便益の測定

　「概念フレームワーク」は，IFRS基準の開発にあたり，IASBは，財務情報の作成者，利用者，監査人，研究者その他の者から，そのIFRS基準について予想されるコストと便益に関する定性的情報と定量的情報を求めており，ほとんどの場合，コストに関する評価は，定性的情報と定量的情報の組み合わせて行うとしている。

　また，「概念フレームワーク」は，コストと便益についての個々人の評価は，本質的に主観性があるため，ばらつきが生じるものであり，したがって，IASBは，コストと便益について，個々の報告企業に関連付けて検討するのではなく，財務報告一般に関連付けて考慮しようとしているとしている。同時に，このことは，コストと便益の評価をした結果，つねにすべての報告企業について同じ情報を要求することを正当化することを意味せず，報告企業の規模，報告企業が公開企業であるか非公開企業であるかといった資本の調達方法，利用者のニーズの違い等の要因により，異なる情報を要求することが適切な場合もあるとしている。

第3章
財務諸表と報告企業

第1節　財務諸表
第2節　報告企業

本章の概要

　「概念フレームワーク」の第3章は，財務諸表と報告企業を扱っている。継続企業に関する記述は従前の概念フレームワークを引き継ぎ，残りの記述は新設している。なお，報告企業ED（第0章第2節⑵③参照）の内容を確定させている部分もある。

　なお，「概念フレームワーク」の第1章と第2章が一般目的財務報告書において提供される情報を扱っているのに対し，「概念フレームワーク」の第3章から第8章は一般目的財務諸表において提供される情報を扱っている。前述（第1章第2節⑵参照）のとおり，一般目的財務諸表は，一般目的財務報告の一形態である。

66

第1節　財務諸表

(1)　財務諸表の目的と範囲

①　財務諸表の定義

「概念フレームワーク」は，財務諸表は，財務諸表の構成要素の定義を満たす，報告企業の経済的資源，報告企業に対する請求権，およびこれらの変動に関する情報を提供するものであると定義している。

②　財務諸表の目的

「概念フレームワーク」は，財務諸表の目的は，報告企業の資産，負債，資本，収益および費用に関して，財務諸表の利用者が報告企業への将来の正味キャッシュ・インフローの見通しの評価と，報告企業の経済的資源に関する経営者の受託責任の評価を行ううえで有用な財務情報を提供することであるとしている。

　この財務諸表の目的は，一般目的財務報告の目的（第1章第2節(1)参照）から導かれ，IAS第1号「財務諸表の表示」の第9項につながるものである。IAS第1号第9項は次のように記述している。

> 財務諸表は，企業の財政状態と財務業績の体系的な表現である。財務諸表の目的は，広範囲の利用者の経済的意思決定に有用となる企業の財政状態，財務業績およびキャッシュ・フローについての情報を提供することである。財務諸表は，経営者に委託された資源に対する経営者の受託責任の成果を示すものでもある。

「概念フレームワーク」における財務諸表の目的に関する記述は，次の点で上記のIAS第1号の財務諸表の目的に関する記述と異なっている。

(a)　財務諸表の構成要素との関係を示すために，「概念フレームワーク」の財

務諸表の目的は，「財政状態」の代わりに「資産，負債および資本」に言及し，「財務業績」の代わりに「収益と費用」に言及している。

(b) 「概念フレームワーク」の財務諸表の目的は，キャッシュ・フローに関する情報の提供に言及していない。キャッシュ・フローに関する情報は財務諸表の利用者にとって重要であるものの，キャッシュ・インフローやキャッシュ・アウトフローは財務諸表の構成要素として識別されていない。

(c) 「概念フレームワーク」の財務諸表の目的は，報告企業に対する資源の提供に関連する意思決定を行うにあたり財務諸表の主要な利用者にとって有用な情報が何であるかについて言及している。すなわち，その情報は，報告企業の正味のキャッシュ・インフローの見通しの評価と，報告企業の経済的資源に関する経営者の受託責任に関する評価に役立つものでなければならないとしている。

③　財務諸表の範囲

「概念フレームワーク」は，財務諸表は次のかたちで提供されるとしている。

- 財政状態計算書において，資産，負債および資本を認識すること
- 財務業績の計算書において，収益と費用を認識すること
- その他の計算書と注記において，次の情報を表示したり開示したりすること
  - ➢ 認識した資産，負債，資本，収益および費用（それらの性質，および認識した資産と負債から生じるリスクに関する情報を含む）
  - ➢ 認識していない資産と負債（それらの性質，およびそれらから生じるリスクに関する情報を含む）
  - ➢ キャッシュ・フロー
  - ➢ 資本に対する請求権の保有者からの拠出と，資本に対する請求権の保有者への分配
  - ➢ 表示または開示した金額を見積るにあたり使用した方法，仮定および判断，ならびにそれらの変更

Column(13)

計算書の名称

　最近，公表されるIFRS基準では，いわゆる貸借対照表（balance sheet）について，財政状態計算書（statement of financial position）と表現している。「概念フレームワーク」においても，この表現が用いられている。

　同様に，最近，公表されるIFRS基準では，いわゆる損益計算書（income statement）について，財務業績の計算書（statement(s) of financial performance）と表現している。単数形と複数形が併記されているのは，1計算書方式と2計算書方式（Column(14)参照）の両方を包含するためである。なお，包括利益の概念が導入されて以来，いわゆる損益計算書に関する表現はたびたび変更されており，例としては，包括利益計算書（statement of comprehensive income）や純損益およびその他の包括利益計算書（statement of profit or loss and other comprehensive income）などがある。

Column(14)

1計算書方式と2計算書方式

　財務業績の計算書の表示における1計算書方式とは，純損益に引き続いてその他の包括利益の構成要素および包括利益合計を単一の計算書において示す方式をいう。

　また，財務業績の計算書の表示における2計算書方式とは，純損益計算書とは別に，純損益で始まる計算書においてその他の包括利益の構成要素および包括利益合計を示す方式をいう。

　「概念フレームワーク」は，財務業績の計算書の表示について，1計算書方式と2計算書方式のいずれによるべきかについて定めていない。

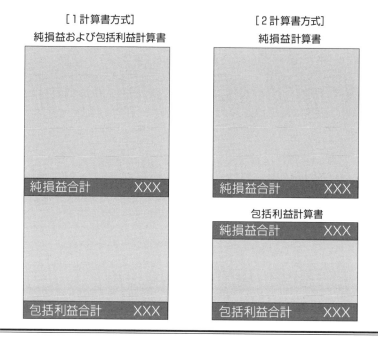

(2)　報告期間

①　報告期間に関する情報と比較情報

「概念フレームワーク」は，財務諸表が特定の期間（すなわち，報告期間）について作成され，次の情報を提供するとしている。

(a)　報告期間末または報告期間中に存在した，資産と負債（認識していないものを含む。）および資本

(b)　報告期間に関する収益と費用

　また，「概念フレームワーク」は，財務諸表の利用者が変動やトレンドを識別し評価できるようにするため，財務諸表は少なくとも1期間前の比較情報を提供するとしている。この記述が，IAS第1号「財務諸表の表示」において比較情報を表示することを求める根拠となっている。

② 将来予測的な情報

「概念フレームワーク」は，考えられる将来の取引その他の事象に関する情報（すなわち，将来予測的な情報）は，次の条件をともに満たす場合に財務諸表に含められるとしている。

(a) 次のいずれかに関連する情報である。
  (i) 報告期間末または報告期間中に存在した，報告企業の資産もしくは負債（認識していないものを含む。）または資本
  (ii) 報告期間に関する収益または費用
(b) 財務諸表の利用者にとって有用な情報である。

たとえば，資産または負債が将来キャッシュ・フローを見積ることによって測定される場合，見積将来キャッシュ・フローに関する情報は，財務諸表の利用者が報告された測定値を理解するうえで役立つ可能性があるとしている。一方，報告企業に関する経営者の期待や戦略に関する説明的な資料のような将来予測的な情報は通常，財務諸表において提供されないとしている。

③ 後発事象

「概念フレームワーク」は，報告期間後に発生した取引その他の事象に関する情報は，その情報が財務諸表の目的（本章第1節(1)②参照）を達成するうえで必要である場合には，財務諸表に含まれるとしている。

この記述がIAS第10号「後発事象」において後発事象の開示を要求する論拠となっている。

(3) 財務諸表を作成する視点

① 報告企業全体の視点

「概念フレームワーク」は，財務諸表は，報告企業の主要な利用者（第1章第2節(3)参照）の特定のグループの視点からではなく，報告企業全体の視点（「企業の視点」と呼ばれることもある。）からみた，取引その他の事象に関する情報を提供するとしている。

　連結財務諸表を作成する際の考え方として，いわゆる親会社説といわゆる経済的単一体説があるが，「概念フレームワーク」は，いわゆる経済的単一体説に近い考え方を採用している。なお，「概念フレームワーク」を開発する過程で，IASBは，「経済的単一体説」という用語そのものについては，その意味するところについてコンセンサスが得られていないことから，採用しないことを決定している。

②　報告企業全体の視点を採用する理由

　「概念フレームワーク」は，財務諸表を作成する視点として報告企業全体の視点を採用した理由として，報告企業が主要な利用者とは別個の存在であることを挙げている。また，一般目的財務報告の目的（第 1 章第 2 節(1)参照）が，主要な利用者に有用な情報を提供することであり，それらの主要な利用者のうちの特定の一部に情報を提供することではないからであるとしている。

(4)　継続企業の前提

　「概念フレームワーク」は，財務諸表は通常，報告企業が継続企業（ゴーイング・コンサーン）であり，予見可能な将来にわたり事業を継続するという前提で作成されるとしている。したがって，報告企業には清算または事業停止を行う意図がなく，その必要もないと仮定されるとしている。また，そのような意図または必要がある場合には，財務諸表を異なる基礎で作成しなければならない可能性があり，異なる基礎で作成した財務諸表には用いた基礎を記述するとしている。

2010年の概念フレームワークからの変更点

　「概念フレームワーク」の第 3 章は，新設された章である。しかし，継続企業の前提に関する記述のみ，軽微な修正を行ったうえで2010年の概念フレームワークの記述を引き継いでいる。
　2010年の概念フレームワークが「清算または事業規模の大幅な縮小」という表現を用いていたのに対し，「概念フレームワーク」は，「清算または事業停止」という表現を用いている。この変更は，IAS第 1 号「財務諸表の表示」およびIAS第10号

「後発事象」で使用している表現に合わせるために行ったとしている。

第2節　報告企業

(1) 報告企業について記述する意義

　従前の概念フレームワークは，報告企業について議論しておらず，何が報告企業を構成するのかを決定する方法について記述していなかった。これに対し，「概念フレームワーク」は，報告企業に関する一般的な記述を行っているものの，誰がIFRS基準に基づき一般目的財務諸表を作成することが強制，奨励または容認されるのかについて記述していない。そのようなことを決める権限がIASBにはないためであるとしている。

(2) 報告企業の定義

　「概念フレームワーク」は，報告企業とは，財務諸表を作成することが要求されるか，財務諸表を作成することを選択する企業であると定義している。報告企業は，単一の企業である場合もあれば，ある企業の一部分である場合もあり，また，複数の企業で構成される場合もあるとしている。さらに，報告企業は必ずしも法的な企業ではないとしている。

　「概念フレームワーク」は，報告企業が法的な企業ではなく，かつ，親会社と子会社の関係によって結ばれている法的な企業のみにより構成されていない場合には，その範囲を適切に決定することが困難であることがあるとしている。この場合，報告企業の範囲は，その報告企業の財務諸表の主要な利用者の情報ニーズによって決まるとしている。これらの主要な利用者は，表現しようとしている対象を忠実に表現する目的適合性のある情報を必要としているが，忠実な表現であるためには，次が必要になるとしている。

(a) 報告企業の範囲が，恣意的または不完全な経済活動の組合せになっていな

いこと。

(b) 報告企業の範囲にその経済活動の組合せを含めることにより，中立性のある情報がもたらされること。

(c) 報告企業の範囲をどのように決定したのか，また，報告企業に何が含まれるのかについての記述が提供されること。

Column(15)

報告企業の定義をめぐる議論

　報告企業の定義について，報告企業ED（第0章第2節(2)③参照）は，次のことを提案していた。

(a) 報告企業について，「経済活動の画定された領域であって，その領域に関する財務情報が，企業への資源の提供に関する意思決定，およびその企業の経営者が提供された資源を効率的かつ効果的に利用しているかどうかの評価に必要な情報を，直接入手することができない主要な利用にとって有用となる可能性のあるもの」と記述する。

(b) 報告企業を識別するうえで必要な（ただし，必ずしも十分ではない）特徴として，次の3つを示す。

① 企業の経済活動が行われているか，行われたか，行われる予定である。

② 企業の経済活動が，他の企業の経済活動や，その企業の存在している経済環境と客観的に識別できる。

③ 企業の経済活動に関する財務情報が，その企業への資源の提供に関する意思決定，およびその企業の経営者が提供された資源を効率的かつ効果的に利用しているかどうかの評価にとって有用となる可能性がある。

　「概念フレームワーク」を開発する過程で，IASBは，上記(b)③を採用することとしたものの，他の要素は採用しないこととした。その理由は次のとおりである。

・ 経済活動を行ったことがなく，今後も行わない報告企業の財務諸表は，その利用者に有用な情報を提供しない可能性が高い。

・ 「画定された領域」や「客観的に識別」といった表現は曖昧で不明確であり，報告企業に何が含まれるのかに関する明確なガイダンスを提供しない。

(3)　連結財務諸表，非連結財務諸表および結合財務諸表

①　連結財務諸表

「概念フレームワーク」は，ある企業（親会社）が他の企業（子会社）を支配していることがあり，報告企業が親会社とその子会社を含む場合には，その報告企業の財務諸表は連結財務諸表と呼ばれ，連結財務諸表は，単一の報告企業として，親会社と子会社の資産，負債，資本，収益および費用に関する情報を提供するとしている。

また，「概念フレームワーク」は，親会社への将来の正味キャッシュ・インフローには子会社から親会社への分配（配当）が含まれ，そのような分配は子会社への正味キャッシュ・インフローに依存するため，連結財務諸表は，親会社への将来の正味キャッシュ・インフローの見通しを評価するうえで，親会社の主要な利用者にとって有用であるとしている。

なお，「概念フレームワーク」は，連結財務諸表は，特定の子会社の資産，負債，資本，収益および費用に関する情報を別個に提供するように設計されておらず，そのような情報は子会社自体の財務諸表において提供するように設計されているとしている。

②　非連結財務諸表

「概念フレームワーク」は，報告企業が親会社単独である場合，その報告企業の財務諸表は非連結財務諸表と呼ばれ，非連結財務諸表は，親会社の資産，負債，資本，収益および費用に関する情報を提供するように設計されており，子会社についての情報を提供するように設計されていないとしている。非連結財務諸表は，わが国では個別財務諸表または単体財務諸表と呼ばれているものに相当する財務諸表である。

また，「概念フレームワーク」は，次の理由から，非連結財務諸表は親会社の主要な利用者にとって有用な情報となることがあるとしている。

- 　親会社に対する請求権は通常，その請求権の保有者に対し，子会社に対す

る請求権を与えない。

- 法域によっては，親会社の資本に対する請求権の保有者に対し法的に分配
可能な金額が，親会社の分配可能な剰余金に依存している。

　なお，「概念フレームワーク」は，親会社単独の資産，負債，資本，収益および費用の一部または全部に関する情報を提供する方法として，連結財務諸表の注記に示す方法があるとしている。

　「概念フレームワーク」は，非連結財務諸表において提供される情報は，通常，親会社の主要な利用者の情報ニーズを満たすうえで十分ではなく，連結財務諸表が要求されている場合に，非連結財務諸表をもって連結財務諸表に代えることはできないとしている。ただし，親会社が，連結財務諸表に加え，非連結財務諸表を作成することを要求されるか，非連結財務諸表を作成することを選択することがあるとしている。

③　結合財務諸表

　「概念フレームワーク」は，報告企業が親会社と子会社の関係により結ばれていない，複数の企業を含む場合には，その報告企業の財務諸表は結合財務諸表と呼ばれるとしている。

　報告企業ED（第 0 章第 2 節(2)③参照）は，結合財務諸表について，共通支配下にある複数の企業により構成される報告企業に関する有用な情報を提供する可能性があるとしていた。この公開草案に対して関係者は，IASBが結合財務諸表に言及したことを歓迎したものの，結合財務諸表は報告企業が共通支配下にある複数の企業である場合に限定して表示されるものであると表現されたことに反対した。コメントを受け，IASBは結合財務諸表の表示について，報告企業を共通支配下にある複数の企業である場合に限定しないこととしたとしている。

　「概念フレームワーク」は，どのような場合に結合財務諸表を作成することが適切であるか，また，その具体的な作成方法について言及していない。将来，結合財務諸表に関するIFRS基準を開発することをIASBが決定した場合に，詳

細な議論を行うべきであると考えたためであるとしている。

④　共同支配と重要な影響力

「概念フレームワーク」の開発にあたり，IASBは「共同支配」と「重要な影響力」の概念に言及すべきかどうかを検討した。報告企業ED（第0章第2節⑵③参照）は，「共同支配」も「重要な影響力」も支配をもたらさないと記述することを提案していた。

IASBは，この考え方に変わりはないものの，これらの概念について「概念フレームワーク」において記述しないこととしたとしている。

第4章
財務諸表の構成要素

本章の概要

　「概念フレームワーク」の第4章は財務諸表の構成要素の定義を扱っている。

　財務諸表の構成要素の定義を満たす項目のうち，認識規準を満たすものを最終的に財務諸表において認識することになる。「概念フレームワーク」は，財務諸表の構成要素の章と認識の章をそれぞれ改訂しており，最終的に財務諸表において認識する項目の範囲が変わるのかどうかについては，これら2つの章の変更内容を合わせて考える必要がある。

第1節　概　要

「概念フレームワーク」は，【図表4-1】のように財務諸表の構成要素を定義している。

図表4-1　財務諸表の構成要素の定義

第1章の項目	構成要素	定義または記述
経済的資源	資産	資産とは，過去の事象の結果として報告企業が支配する現在の経済的資源をいう。 経済的資源とは，経済的便益を生み出す潜在能力を有する権利をいう。
請求権	負債	負債とは，過去の事象の結果として経済的資源を移転する報告企業の現在の義務をいう。
	資本	資本とは，報告企業のすべての負債を控除した後のその企業の資産に対する残余持分をいう。
財務業績を反映する経済的資源および請求権の変動	収益	収益とは，資本に対する請求権の保有者からの拠出に関連するものを除く，資本の増加をもたらす，資産の増加または負債の減少をいう。
	費用	費用とは，資本に対する請求権の保有者への分配に関連するものを除く，資本の減少をもたらす，資産の減少または負債の増加をいう。
経済的資源および請求権のその他の変動	－	資本に対する請求権の保有者からの拠出および資本に対する請求権の保有者への分配
	－	資本の増加または減少をもたらさない，資産または負債の交換

2010年の概念フレームワークからの変更点

　2010年の概念フレームワークは，1989年の概念フレームワークの内容を引き継ぎ，財務諸表の構成要素を次のように定義していた。

構成要素	定義または記述
資産	資産とは，過去の事象の結果として企業が支配する資源で，かつ，その資源から将来の経済的便益が企業に流入することが期待されるものをいう。
負債	負債とは，過去の事象の結果として生じた企業の現在の義務で，かつ，その義務を決済することにより，経済的便益を有する資源がその企業から流出することが予想されるものをいう。
資本	資本とは，企業のすべての負債を控除した後のその企業の資産に対する残余持分をいう。
収益	収益とは，資本参加者からの拠出を除く，資産の流入もしくは価値の増加または負債の減少のかたちで資本の増加をもたらす，会計期間中の経済的便益の増加をいう。
費用	費用とは，資本参加者に対する分配を除く，資産の流出もしくは価値の減耗または負債の増加のかたちで資本の減少をもたらす，会計期間中の経済的便益の減少をいう。

　2010年の概念フレームワークの財務諸表の構成要素の定義と「概念フレームワーク」の財務諸表の構成要素の定義では，2つの点が大きく異なっている。

　第1に，資産と負債の定義が「経済的便益」に直接言及しなくなった点である。「概念フレームワーク」は，「経済的資源」を定義し，「経済的資源」の定義において「経済的便益」に言及している。資産は，経済的資源そのものであり，その経済的資源が生み出す経済的便益の最終的な流入ではないこと（同様に，負債は，義務そのものであり，その義務が生み出す経済的便益の最終的な流出ではないこと）を明確化するためであるとしている。

　第2に，資産と負債の定義から「期待される」や「予想される」といった表現を削除した点である。「概念フレームワーク」は，資産は経済的便益を生み出す潜在能力を有するものである（同様に，負債は経済的便益の移転を要求する潜在能力を有するものである）としている。従前の定義における「期待される」や「予想される」といった表現が，蓋然性の閾値を表しているとの誤解を避けるため，また，アウト・オブ・ザ・マネーの売建オプションや保険契約など，明らかに資産または負債であるにもかかわらず，蓋然性が非常に低いことを理由に資産または負債の定義を満たさなくなることがないようにするためであるとしている。

Column (16)

認識される資産と負債の範囲

　「概念フレームワーク」の開発の過程で，資産と負債の定義から「期待される」や「予想される」といった表現を削除することによって，資産と負債の定義を満たす項目が著しく増加するのではないかとの懸念が示された。

　この点について，「概念フレームワーク」は，経済的便益の流入または流出の蓋然性が低い資産または負債を認識するかどうかは，定義の問題ではなく，認識の問題として扱うべきであるとしている。すなわち，経済的便益の流入または流出の蓋然性が低い項目については，「資産または負債の定義を満たさない」とするのではなく，「資産または負債の定義を満たすものの，認識規準に照らして認識しない」とすることを示唆している。

目的適合性のある項目

財務諸表の
構成要素の定義を
満たす項目

認識規準を
満たす項目

最終的に財務諸表に認識する項目

　後述（第5章参照）するように，「概念フレームワーク」は，認識規準に関する記述も改訂しているが，IASBは，最終的に財務諸表に認識する資産と負債の範囲について，増加させることも減少させることも意図していないとしている。

　したがって，「概念フレームワーク」のもとでは，資産と負債の定義を満たす項目は2010年の概念フレームワークの定義と比べて増加する可能性があるものの，認識規準を適用した結果，最終的に財務諸表において認識する項目の範囲はこれまでと変わらないことが意図されているといえる。

第2節　資産の定義

(1)　定　義

　前述（本章第1節参照）のとおり，「概念フレームワーク」は，資産について，過去の事象の結果として報告企業が支配する現在の経済的資源であると定義している。また，経済的資源について，経済的便益を生み出す潜在能力を有する権利であると定義している。

　以下では，資産と経済的資源の定義の次の要素について詳細にみていくことにする。

- 過去の事象の結果・現在の経済的資源
- 支配
- 経済的便益を生み出す潜在能力
- 権利

(2)　過去の事象の結果・現在の経済的資源

①　「過去の事象の結果」と「現在の」の併用

　「概念フレームワーク」を開発する過程で，IASBは，資産の定義において，「過去の事象の結果」であることと，報告企業が支配する「現在の」経済的資源であることの両方に言及する必要があるかどうかについて検討したとしている。検討の結果，これまで資産の定義において「過去の事象の結果」という表現を用いたことが問題になったことがないこと，また，過去の事象を特定することにより，その事象をどのように財務諸表において報告するか（たとえば，その事象から生じた収益，費用またはキャッシュ・フローをどのように分類し，表示するか）を決定することができることから，資産の定義に「過去の事象の結果」の表現を残すこととしたとしている。

　また，過去の事象により資産が生じたとしても，その資産が現時点において

82

存在しているとは限らず，報告企業がその時点で現在の経済的資源を支配しているかどうかを考慮する必要があるため，資産の定義に「現在の」という表現を含めることとしたとしている。

2010年の概念フレームワークの資産の定義は，「過去の事象の結果」に言及していたものの，「現在の」には言及していなかった。負債の定義は，「過去の事象の結果」と「現在の」の両方に言及していた。

「概念フレームワーク」は，「過去の事象の結果」と「現在の」の両方に言及することとし，資産と負債の定義を対称的なものとするため，資産の定義においても「現在の」に言及している。

② 経済的資源

「概念フレームワーク」を開発する過程で，IASBは，「経済的資源」の代わりに「資源」を用いることを検討したとしている。「経済的資源」は市場価値のある資源のみを対象とすることから，範囲が狭すぎるとの意見が寄せられたためである。IASBは，「経済的資源」は，市場価値が存在するものに限らず，経済的便益を生み出す潜在能力のあるすべての資源を意図するものであり，「経済的資源」という表現を用いることにより，報告企業にとっての資源は，たとえば，物理的実体そのものではなく，物理的実体に対する権利であることを強調できるため，「経済的資源」を用いることとしたとしている。

Column(17)

非営利企業のための資産の定義

法域によっては，IFRS基準や「概念フレームワーク」が公的な企業や非営利企業等で適用されている。「概念フレームワーク」を開発する過程で，非営利企業の会計に関わっている関係者から，資産の定義に，キャッシュ・フロー以外の便益（たとえば，報告企業，第三者，または社会全体に対する，社会的または環境的なサービスまたは便益）を生み出す資源を含むべきであるとの意見が寄せられた。

しかし，IASBは，「概念フレームワーク」は主として営利企業に焦点を当てており，資産の定義は，経済的便益を生み出す潜在能力を有する

資源に焦点を当てることとしたとし，資産の定義は拡張しないこととしたとしている。

(3)　支　配

①　支配の概念の意義

「概念フレームワーク」は，支配の概念は経済的資源を報告企業に結び付けるものであり，支配の有無を評価することは，報告企業が会計処理すべき経済的資源を識別するうえで役立つとしている。たとえば，報告企業が不動産全体を所有することにより生じる権利を支配せずに，その不動産に対する比例的な持分を支配していることがあるが，このような場合の報告企業の資産は，その報告企業が支配している，不動産に対する持分であり，その報告企業が支配していない，不動産全体を所有することにより生じる権利ではないとしている。

Column(18)

支配の概念は資産の定義に必要か

　「概念フレームワーク」を開発する過程で，経済的資源の定義において報告企業がその資源を支配していることが示唆されるため，資産の定義は支配に言及する必要がないという意見が関係者から寄せられた。IASBは，経済的資源の定義において報告企業がその資源を支配していることが示唆されることに同意したものの，定義が構築しやすくなり，補足が記述しやすくなることから，支配に明示的に言及することとしたとしている。

　また，「概念フレームワーク」を開発する過程で，支配の有無は資産の認識規準とするべきであるとの意見が関係者から寄せられた。すなわち，その対象が資産かどうかということと，その資産が報告企業によって支配されているかということは別の問題であり，資産の定義は前者を扱うべきであり，資産の認識規準は後者を扱うべきであるという意見である。IASBは，そのような変更を行ったとしても，結果として認識される資産の範囲が変わる可能性が低いことから，変更を行わなかったとしている。

② 支配の定義

「概念フレームワーク」は，報告企業が経済的資源の利用を指図し，その経済的資源から流入する可能性がある経済的便益を獲得する現在の能力を有している場合に，その経済的資源を支配しているとしている。また，支配には，他者がその経済的資源の利用を指図し，その経済的資源から流入する経済的便益を獲得することを妨げる現在の能力が含まれ，したがって，ある者が経済的資源を支配している場合には，同じ経済的資源を支配している者は他に誰もいないとしている。

Column(19)

資産に対する支配と企業に対する支配

　「概念フレームワーク」は，支配の定義について，IFRS第15号「顧客との契約から生じる収益」における資産に対する支配の定義，およびIFRS第10号「連結財務諸表」における企業に対する支配の定義を基礎として開発したとしている。これらのIFRS基準における支配の定義は異なっているものの，資産の利用（または企業）を指図し，経済的便益（またはリターン）を獲得する能力を報告企業が有しているという同じ基本概念に基づいているとしている。

　「概念フレームワーク」は，資産の定義と，親会社による子会社に対する支配の記述の両方において支配の概念を用いているとしている。

③　経済的資源の利用を指図する権利

「概念フレームワーク」は，報告企業がみずからの活動において経済的資源を活用することができるか，他者の活動においてその経済的資源を活用することをその他者に認める権利を有している場合に，その報告企業は経済的資源の利用を指図する現在の権利を有しているとしている。

④　法的な権利と支配

「概念フレームワーク」は，経済的資源の支配は，通常，法的な権利を強制する能力から生じるものの，報告企業が，他の誰でもなく，みずから経済的資源の利用を指図し，その経済的資源から流入する可能性がある経済的便益を獲得する現在の能力を有していることを他の手段により確実にすることができる場合にも，支配が生じることがあるとしている。たとえば，報告企業が公知となっていないノウハウにアクセスすることができ，そのノウハウの秘密を保持する現在の能力がある場合には，そのノウハウが，登録された特許権により保護されていない場合であっても，そのノウハウを利用する権利を支配していることがあるとしている。

⑤　経済的便益の流入

「概念フレームワーク」は，報告企業が経済的資源を支配するためには，その経済的資源から生じる将来の経済的便益が，直接的または間接的に，他者ではなく，その報告企業に流入しなければならないとしている。しかし，このことは，すべての状況においてその経済的資源が経済的便益を生み出すことをその報告企業が確実にしなければならないということではなく，その経済的資源が経済的便益を生み出した場合に，その経済的便益を直接的または間接的に得るのがその報告企業であることを意味しているとしている。

⑥　支配と「リスクと経済価値」

「概念フレームワーク」は，経済的資源が生み出す経済的便益の量の著しい
変動に対するエクスポージャーを報告企業が有していることは，その報告企業
がその経済的資源を支配していることを示している可能性があるものの，この
ことは，その報告企業が支配しているかどうかを総合的に評価するうえで考慮
する1つの要因にすぎないとしている。

「概念フレームワーク」は，支配と，所有によるリスクと経済価値（reward）
に対するエクスポージャーの関係について，一般的な用語で説明することとし
たとしている。すなわち，「所有によるリスクと経済価値」という表現の代わ
りに，「経済的便益の量の著しい変動に対するエクスポージャー」という表現
を用いることとしたとしている。

⑦　本人と代理人

「概念フレームワーク」は，ある者（本人）が他者（代理人）との間で，代
理人が本人に代わって，本人の利益のために行動することを契約することがあ
り，たとえば，本人が，その本人が支配する財の販売を手配するよう，代理人
と契約することがあるとしている。

　ここで，本人が支配する経済的資源を代理人が保管している場合，その経済
的資源は代理人の資産ではないとしている。また，本人が支配する経済的資源
を第三者に移転する義務を代理人が負っている場合，移転される経済的資源は
本人の経済的資源であり，代理人の経済的資源ではないため，その義務は代理
人の負債ではないとしている。

(4)　経済的便益を生み出す潜在能力

①　潜在能力と蓋然性

「概念フレームワーク」は，経済的資源は，経済的便益を生み出す潜在能力
を有する権利であると定義している。また，潜在能力を有しているというため
に，その権利が経済的便益を生み出すことが確実である必要はなく，その可能

性が高い必要もないとしている。すなわち，経済的資源であるためには，権利がすでに存在しており，かつ，他のすべての者が利用可能な経済的便益を超える経済的便益を報告企業に生み出すことになる状況が少なくとも 1 つ存在していればよいとしている。

「概念フレームワーク」は，たとえそれが経済的便益を生み出す蓋然性（可能性）が低い場合であっても，権利は経済的資源の定義を満たし，ひいては資産の定義を満たす可能性があるとしている。ただし，その蓋然性が低いことが，資産を認識するかどうか，また，どのように測定するのかなど，資産に関するどのような情報を提供し，どのようなかたちでその情報を提供すべきであるかについての意思決定に影響を与える可能性があるとしている。

②　経済的便益を生み出す方法

「概念フレームワーク」は，報告企業が経済的資源から経済的便益を生み出す方法には，次のような方法が含まれるとしている。

- 契約上のキャッシュ・フローまたは他の経済的資源を受け取る。
- 有利な条件で他者と経済的資源を交換する。
- 次のような方法で，キャッシュ・インフローを生み出すか，キャッシュ・アウトフローを回避する。
  - ➢ 財またはサービスを生み出すために，経済的資源を単独で，または他の経済的資源と組み合わせて利用する。
  - ➢ 他の経済的資源の価値を増加させるために経済的資源を利用する。
  - ➢ 経済的資源を他者に貸し出す。
- 経済的資源を売却することにより，現金その他の経済的資源を受け取る。
- 経済的資源を移転することにより負債を消滅させる。

③　現在の権利と将来の経済的便益

「概念フレームワーク」は，経済的資源の価値は，将来の経済的便益を生み出す現在の潜在能力に由来するものの，経済的資源はその潜在能力を有する現

88

在の権利であり，その権利が生み出す可能性がある将来の経済的便益ではない
としている。たとえば，買建オプションの価値は，将来のオプションの権利行
使を通じて経済的便益を生み出す潜在能力に由来するものの，経済的資源は，
将来，権利行使をすることができるという現在の権利であり，オプションの権
利行使をした場合に受け取ることになる将来の経済的便益ではないとしている。

④　支出の発生と資産の取得

「概念フレームワーク」は，支出の発生と資産の取得には密接な関連がある
ものの，これらは必ずしも一致しないとしている。すなわち，報告企業におい
て支出が発生した場合，それはその報告企業が将来の経済的便益を得ようとし
た証拠となる可能性があるものの，そのことをもってその報告企業が資産を取
得したという決定的な証拠とはならないとしている。

同様に，「概念フレームワーク」は，関連する支出がないからといって，あ
る項目が資産の定義を満たさないことにはならないとしている。たとえば，政
府が無償で報告企業に与えた権利や，他者が報告企業に寄贈した権利は，資産
となることがあるとしている。

(5)　権　利

①　権利の形態

「概念フレームワーク」は，経済的便益を生み出す潜在能力を有する権利は
さまざまな形態をとり得るとしたうえで，次の例を挙げている。

- 他者の義務に対応する権利。たとえば，次のようなものがある。
  - 現金を受け取る権利。
  - 財またはサービスを受け取る権利。
  - 有利な条件で他者と経済的資源を交換する権利。これには，経済的資源を購入する先渡契約やオプション契約のうち，現時点で有利な条件となっているものが含まれる。
  - 特定された不確実な将来事象が発生した場合に経済的資源を移転しな

ければならない他者の義務から便益を享受する権利。
* 他者の義務に対応しない権利。たとえば，次のようなものがある。
  ➤ 有形固定資産や棚卸資産などの物理的実体に対する権利。これには，物理的実体を使用する権利や，リースとして貸し出した物理的実体の残存価値から便益を受ける権利が含まれる。
  ➤ 知的財産を使用する権利。

② 権利の確立

「概念フレームワーク」は，多くの権利が，契約，法律または類似の手段により確立されるとしている。たとえば，物理的実体の所有もしくは借入れ，負債性金融商品または資本性金融商品の所有，または登録された特許により報告企業は権利を獲得することがある。

同時に，「概念フレームワーク」は，他の方法により権利を獲得することがあるとしている。例として，公知となっていないノウハウが取得または創出される場合や，慣行，公表している方針または具体的な声明と不整合なかたちで行動する実務上の能力がないために他者に義務が生じる場合を挙げている。

Column(20)

権利と他の価値の源泉

「概念フレームワーク」を開発する過程で，IASBは，ノウハウのように，契約，法律または類似の手段によらずに報告企業が獲得するものについても，資産になり得ると結論付けた。このようなものも含め資産を「権利」と表現することが適切であるのか，それとも「権利または他の価値の源泉」と表現することが適切なのかが問題となった。

「概念フレームワーク」は，「他の価値の源泉」という概念は，公式な資産の定義に用いるには曖昧すぎるために採用せず，その代わりに，「権利」という用語は，契約，法律または類似の手段によって獲得したものに限定せず，他の方法により獲得したものも含まれることを明記することとしたとしている。

90

③ 即時に消費される権利

「概念フレームワーク」は，従業員による勤務などの一部の財またはサービスは，受領後ただちに消費されるとしている。そのような財またはサービスにより生み出される経済的便益を獲得する報告企業の権利は，その報告企業が財またはサービスを消費するまで瞬間的に存在するとしている。

なお，「概念フレームワーク」は，この記述は，受け取った従業員の勤務について，ただちに消費される資産として扱っているIFRS第2号「株式に基づく報酬」と整合的であるとしている。

④ 資産とはならない権利

「概念フレームワーク」は，報告企業が有する権利のすべてが資産になるわけではないとしている。すなわち，権利が報告企業の資産となるためには，他のすべての者が利用可能な経済的便益を超える経済的便益を生み出す潜在能力を有していなければならず，かつ，それがその報告企業により支配されていなければならないとしている。たとえば，土地の上を通る公共の権利のような，公共財にアクセスする権利や，公知となっているノウハウなど，多額のコストなしに誰でも利用可能な権利は，通常，その権利を保有する報告企業にとって資産とはならないとしている。

なお，「概念フレームワーク」は，報告企業が有する権利のすべてを識別し，認識することが要求されないことを明確化するためにこの記述を含めたとしている。

⑤ 報告企業自身から経済的便益を獲得する権利

「概念フレームワーク」は，報告企業は，その報告企業自身から経済的便益を獲得する権利を有することはできないとし，次の例を挙げている。

- 自己株式など，報告企業が発行した負債性金融商品または資本性金融商品で，その報告企業により買い戻され，保有されているものは，その報告企業の経済的資源とはならない。

- 報告企業が複数の法的な企業により構成される場合で，それら複数の法的な企業のうちの1つが発行し，その報告企業を構成する別の法的な企業が保有している負債性金融商品または資本性金融商品は，その報告企業の経済的資源とはならない。

⑥　権利の組合せと物理的実体

「概念フレームワーク」は，原則として，報告企業が有する個々の権利は別個の資産であるとしている。しかし，会計上，関連する権利について，単一の資産となる単一の会計単位（本章第4節(1)参照）として扱われることが多いとしている。たとえば，物理的実体に対する法的な所有権は，次の権利を含む複数の権利を生じさせるとしている。

(a)　物理的実体を利用する権利

(b)　物理的実体に対する権利を売却する権利

(c)　物理的実体に対する権利を担保として差し入れる権利

(d)　上記以外の権利

「概念フレームワーク」は，多くの場合，物理的実体の法的な所有権から生じる権利の組合せは，単一の資産として会計処理されるとしている。また，概念的には，経済的資源であるのは，物理的実体そのものではなく，権利の組合せであるものの，権利の組合せを物理的実体として表現することが，それらの権利を最も簡潔かつ理解可能な方法で忠実に表現することになることが多いとしている。

Column(21)

権利と資源

「概念フレームワーク」を開発する過程で，資産を「権利または資源」と定義するかどうかが検討された。この案を支持する者の意見には次のようなものがあった。

- 一部の有形の資産は，権利よりも資源と表現することが適切である。有形の資産を権利の組合せとみなして（特に，資産を複数の権

　　利に「分解」して）会計処理することは，実務とは異なっている。

- 　「概念フレームワーク」が会計単位（本章第4節⑴参照）を識別するための要因を説明しない限り，複数の権利により構成される単一の資産について，これを単一の資産として認識するのか，権利の一部を別個に認識するのかについて整合的に説明することが難しい。

- 　権利の組合せに含まれる特定の権利に焦点を当てると，認識および認識中止の規準ならびに会計単位にさらにプレッシャーをかけることになる。財務諸表の利用者にとって明確な便益がないにもかかわらず，報告企業は，新しい資産または負債が存在するかどうかについて無数の質問を自らに問わなければならなくなる。権利に着目するアプローチは，IFRS基準の開発とその適用において（特に認識の中止に関連する意思決定を行うにあたり）これまで問題となってきた。

IASBは，金融資産，リースした機械を使用する借手の権利，および特許権を含む多くの無形資産など，多くの資産は，契約，法令または類似の手段により確立されるとしている。また，同様に，物理的実体の所有権は，法律によって与えられる権利によって生じるものであるとしている。さらに，その程度は異なるものの，物理的実体に対する完全な法的な所有権によって与えられる権利と，その耐用年数の99%の間（または50%の間，あるいは1%の間であっても），その物理的実体を使用することができる契約によって与えられる権利は，すべて何らかの権利であるとしている。そのうえ，法律の違いや法律の変更により，特定の権利の組合せが，ある法域においては完全な法的な所有権を構成しても他の法域ではこれを構成しないことや，ある時点では完全な法的な所有権を構成しても別の日にはこれを構成しないことがあるとしている。

　これらを踏まえ，IASBは，完全な法的な所有権がある場合にはこれを「資源」とし，そうではない場合には「権利」とするように，資産を2種類に区分することのメリットはないと判断したとしている。

⑦　識別可能性と分離可能性

　IAS第38号「無形資産」は，無形資産は，これをのれんと区別するため，識別可能でなければならないとしており，具体的には，資産が報告企業から分離可能であるか，契約上またはその他の法的な権利により生じるものである場合に，その資産は識別可能であるとしている。「概念フレームワーク」を開発する過程で，IASBは，資産の定義において資産が識別可能であることを要求するかどうか，また，資産が分離可能であることを要求するかどうかを検討したとしている。

　IASBは，資産が分離可能であるか，契約上またはその他の法的な権利により生じるものである場合には，その資産を識別し，測定し，その資産について記述することが容易になる可能性が高くなり，その資産を認識することによって目的適合性のある情報を提供するかどうか，また，その資産を忠実に表現することが可能かどうかに影響する可能性があるとしたものの，識別可能性や分離可能性は資産の定義に含めるべきではないと結論付けたとしている。

Ｃolumn（22）

のれんは資産の定義を満たすか

　「概念フレームワーク」を開発する過程で，IASBは，IFRS第 3 号「企業結合」の結論の根拠のBC313項からBC323項の結論について，見直しを行わなかったとしている。IFRS第 3 号のBC313項からBC323項は，「コアのれん」を定義したうえで，それが資産の定義を満たすとしている。

　なお，「概念フレームワーク」の本文は，のれんに言及していない。「概念フレームワーク」において，のれんという特定の資産に言及することは適切ではないとIASBが判断したためであるとしている。

第3節　負債の定義

(1)　定　義

　前述（本章第1節参照）のとおり，「概念フレームワーク」は，負債について，過去の事象の結果として経済的資源を移転する報告企業の現在の義務であると定義している。経済的資源の定義は，資産の定義の文脈で用いられたものと同じく，経済的便益を生み出す潜在能力を有する権利であると定義している。
　以下では，負債の定義の次の要素について詳細にみていくことにする。
- 過去の事象の結果・現在の義務
- 義務
- 経済的資源の移転

(2)　過去の事象の結果・現在の義務

①　過去の事象の結果として現在の義務が存在するための条件
　「概念フレームワーク」は，次の条件を両方満たす場合にのみ，過去の事象の結果として現在の義務が存在するとしている。
(a)　報告企業がすでに経済的便益を得たか，行動を起こした。
(b)　その結果として，報告企業は，そうしていなければ移転する必要がなかった経済的資源を移転しなければならなくなっているか，移転しなければならなくなる可能性が生じている。

②　経済的便益を得たか，行動を起こした
　「概念フレームワーク」は，報告企業が得る経済的便益には，財またはサービスが含まれるとしている。また，報告企業が起こす行動には，特定の事業を営むことや，特定の市場で事業を行うことが含まれるとしている。
　また，「概念フレームワーク」は，経済的便益を得たり，行動を起こしたり

することが，一定の期間にわたり行われる場合には，その結果として生じる現在の義務も，その一定の期間にわたり蓄積される可能性があるとしている。

③ 法令の制定と現在の義務

「概念フレームワーク」は，新しい法令が制定されたときに，現在の義務が生じるのは，その法令が適用されるような，経済的便益を得たか，行動を起こした結果として，そうしていなければ移転する必要がなかった経済的資源を移転しなければならなくなるか，移転しなければならなくなる可能性が生じる場合のみであるとしている。すなわち，法令の制定それ自体は，報告企業に現在の義務が生じるうえで十分ではないとしている。

同様に，「概念フレームワーク」は，報告企業の慣例的な実務，公表された方針または具体的な声明によって，現在の義務が生じるのは，その実務，方針または声明が適用されるような，経済的便益を得たか，行動を起こした結果として，そうしていなければ移転する必要がなかった経済的資源を移転しなければならなくなるか，移転しなければならなくなる可能性が生じる場合のみであるとしている。なお，推定的義務については本節(3)③を参照のこと。

④ 将来，履行される義務

「概念フレームワーク」は，経済的資源の移転を将来の一定の時点まで強制できない場合であっても，現在の義務は存在し得るとしている。たとえば，現金を支払うという契約上の負債は，その契約が将来の日まで支払を要求しない場合であっても，現時点で存在することがあるとしている。同様に，報告企業が将来の日に作業を行うという契約上の義務は，契約の相手方が報告企業にその将来の日まで作業を行うことを要求できない場合であっても，現時点で存在することがあるとしている。

⑤ 条件を満たしていない場合

「概念フレームワーク」は，前述の条件（本節(2)①参照）を満たしていない

場合には，経済的資源を移転する現在の義務を有していないとしている。たとえば，従業員の勤務と交換に従業員に給与を支払う契約を報告企業が締結する場合，その報告企業は，従業員が勤務するまでは給与を支払う現在の義務を有していないとしている。従業員が勤務するまでこの契約は未履行であり，報告企業は，将来の給与と将来の従業員の勤務を交換する権利と義務の組合せを有しているとしている。なお，未履行契約については本章第4節(2)を参照のこと。

(3) 義　務

① 義務の定義

「概念フレームワーク」は，義務とは，報告企業が回避する実務上の能力を有していない責務または責任であるとしている。また，義務は必ず，単数または複数の他者に対して負うものであり，その他者は，単数もしくは複数の個人，単数もしくは複数の企業，または社会全体であることがあるとしている。しかし，義務を負う相手は必ずしも特定できている必要はないとしている。

Column(23)

環境に関する義務

　「概念フレームワーク」を開発する過程で，IASBは，義務には必ず，これに対応する，経済的資源を受け取る権利が存在するとの一般的な原則に対して，環境に関する義務が例外となるかどうかについて議論した。

　IASBは，環境に関する義務の場合，その権利は，その地域に住む人々，すなわち，社会全体によって支配されていると結論付けた。これらの人々は，環境を保全するために必要なサービスを受ける権利を有しているためである。したがって，「概念フレームワーク」にはこの点についての例外を含めないこととしたとしている。

② 企業の負債と他者の資産

「概念フレームワーク」は，ある当事者が経済的資源を移転する義務を有している場合，他の当事者がその経済的資源を受け取る権利を有していることに

なるものの，ある当事者が負債を認識し，その負債を特定の金額により測定することを要求されるからといって，他の当事者が資産を認識したり，その資産について負債と同じ金額により測定したりしなければならないことを意味しないとしている。すなわち，表現しようとする対象を忠実に表現する最も目的適合性のある情報を選択することを意図してIASBが意思決定を行った結果，IFRS基準によっては，ある当事者の負債に関する認識規準や測定に関する要求事項と，対応する他の当事者の資産に関する認識規準や測定に関する要求事項とが異なる場合があるとしている。

③　義務の確立

「概念フレームワーク」は，多くの義務が，契約，法律または類似の手段により確立され，義務を負う当事者によって法的に強制可能であるとしている。しかし，報告企業が，その報告企業の慣例的な実務，公表された方針または具体的な声明と整合しないかたちで行動する実務上の能力を有してない場合には，それらの実務，方針または声明によっても義務が生じることがあり，そのようにして生じる義務は「推定的義務」と呼ばれることがあるとしている。

④　条件付きの義務

「概念フレームワーク」は，条件によっては，報告企業が経済的資源を移転する責務または責任が，報告企業自身がとる可能性のある特定の将来の行動を条件としている場合があり，その例には，特定の将来の日において，特定の事業を営むことや特定の市場で事業を行うこと，あるいは契約における特定のオプションの権利を行使することが含まれるとしている。このとき，報告企業がその行動をとることを回避する実務上の能力を有していない場合には，報告企業は義務を有しているとしている。

⑤　継続企業の前提との関係

「概念フレームワーク」は，報告企業の財務諸表を継続企業（ゴーイング・

98

コンサーン）の前提（第３章第１節⑷参照）に基づいて作成することが適切であるとの結論は，清算または事業停止によってのみ回避可能な移転について，これを回避する実務上の能力を報告企業が有していないことを示唆しているとしている。

⑥　回避する実務上の能力

「概念フレームワーク」は，経済的資源を移転することを回避する実務上の能力を有しているかどうかを評価するために用いる要因は，報告企業の責務または責任に依存することがあるとしている。たとえば，移転を回避するためにとることができるいかなる行動も，移転そのものと比べて，経済的に著しく不利である場合には，その移転を回避する実務上の能力を有していないことがあるとしている。ただし，移転する意思または移転する可能性が高いというだけでは，報告企業が移転を回避する実務上の能力を有していると結論付けるうえで不十分であるとしている。

Column(24)

回避する実務上の能力

　従前の概念フレームワークの負債の定義においても，法的に強制可能な，無条件の義務については，報告企業に経済的資源を移転する現在の義務があり，その報告企業にはこれを回避する実務上の能力がないものと考えられてきた。

　しかし，報告企業が将来の移転を回避する限定的な能力を有している場合があり，「現在の義務」を有しているというためにどれだけその能力が限定的でなければならないのかが，IFRS基準の開発およびその適用において問題となっていた。IASBは，「概念フレームワーク」の開発当時，IFRS基準には次の３つの見解が存在していたと指摘している。

見解１：報告企業に将来の移転を回避する能力がまったくない状態でなければならない。

　たとえば，IAS第37号「引当金，偶発負債および偶発資産」は，IFRIC解釈指針第21号「賦課金」の解釈によれば，現在の義務が存在するためには，報告企業は，理論上の能力も含め，将来

の移転を回避する能力をまったく有していないことを要求している。

見解2：報告企業に将来の移転を回避する実務上の能力がない状態でなければならない。

　　　たとえば，IAS第34号「期中財務諸表」は，リース契約が，一定の年間売上高が発生した場合に変動リース料を支払わなければならないとしているときに，その一定の年間売上高が達成されることが見込まれ，企業が将来のリース料を支払う以外の現実的な代替案を有していない場合には，その一定の年間売上高が達成される前に義務が生じることがあるとしている。

見解3：報告企業に将来の移転を回避する能力について制限は必要ない。過去の事象の結果として，将来，条件が満たされた場合に報告企業が経済的資源を移転しなければならなくなる可能性があればそれで十分である。

　　　たとえば，IAS第19号「従業員給付」は，すでに従業員によって提供された勤務と交換に与えられた給付であれば，それらの給付が将来の勤務を条件としている場合（未確定の給付）であっても，負債を認識しなければならないとしている。

　これらの見解のなかから，「概念フレームワーク」は見解2を採用している。その理由は次のとおりである。

・　見解1のように報告企業に経済的資源の移転を回避する理論上の能力があるものの，実務上の能力がない場合にこれをその報告企業の義務としないことは，財務諸表の利用者の多くが有用と考える情報を除外することになる。この見解は，法的な形式を重視しすぎており，法的に強制可能な義務と実務上は同程度に拘束力がある義務の実質を忠実に表現しないことになる。また，報告企業が義務を回避するような行動をとることを可能にする理論上の権利を有しているものの，その権利を行使する実務上の能力を有していない場合，その義務は，あたかもその理論上の権利を有していなかったように，その報告企業を拘束することになる。したがって，見解1は支持しない。

・　「義務」という用語は，報告企業が経済的資源の移転を回避する能力に何らかの制約があることを示唆するものであるため，見解3は支持しない。

　なお，IASBは，「発生する可能性が高い」や「合理的に確実」といった，将来のアウトフローの蓋然性に基づく閾値を適用すべきであるとの意見についても支持しなかったとしている。義務は，報告企業が行わな

けなければならないことが何であるかに着目すべきであり，考えられる結果
に着目すべきではないためである。

---

⑦　存在の不確実性

「概念フレームワーク」は，場合によっては，義務が存在するかどうかについて不確実性があるとしている。たとえば，報告企業が不法行為を行ったと主張して他者が賠償を求めている場合に，そもそも不法行為があったのかどうか，その不法行為を行ったのがその報告企業であったかどうか，また，法律がどのように適用されるのかについて，不確実性がある場合があるとしている。このような場合，裁判所が判決を出すなど，その存在の不確実性が解消されるまで，報告企業が賠償を求めている他者に対して義務を負っているかどうかについて不確実性があり，したがって負債が存在するかどうかについても不確実性があるとしている。なお，存在の不確実性がある場合の負債の認識については，第5章第1節(3)②を参照のこと。

Column(25)

非営利企業のための負債の定義

　法域によっては，IFRS基準や「概念フレームワーク」が公的な企業や非営利企業等で適用されている。「概念フレームワーク」を開発する過程で，非営利企業の会計に関わっている関係者から，負債の定義に，キャッシュ・フロー以外の便益（たとえば，報告企業，第三者，または社会全体に対する，社会的または環境的なサービスまたは便益）を生み出す資源を移転する義務，健全性や道徳上の目的で負う義務，およびより幅広い関係者のグループの期待に応えるためまたは一般からの支持を維持するために負う義務を含むべきであるとの意見が寄せられた。

　しかし，IASBは，「概念フレームワーク」は主として営利企業に焦点を当てており，負債の定義は，経済的資源を移転する義務に焦点を当てることとしたとし，負債の定義は拡張しないこととしたとしている。

⑷　経済的資源の移転

①　潜在能力と蓋然性

「概念フレームワーク」は，負債の定義を満たす義務は，単数または複数の他者に経済的資源を移転することを報告企業に要求する潜在能力を有していなければならないとしている。また，潜在能力を有しているというために，報告企業が経済的資源を移転することを要求されることが確実である必要はなく，その可能性が高い必要もないとしている。すなわち，義務がすでに存在しており，かつ，経済的資源を移転することを要求される状況が少なくとも1つ存在していればよいとしている。

「概念フレームワーク」は，たとえ経済的資源を移転する蓋然性（可能性）が低い場合であっても，負債の定義を満たすとしている。ただし，その蓋然性が低いことが，負債を認識するかどうか，また，どのように測定するのかなど，負債に関するどのような情報を提供し，どのようなかたちでその情報を提供すべきであるかについての意思決定に影響を与える可能性があるとしている。

②　経済的資源を移転する義務

「概念フレームワーク」は，経済的資源を移転する義務には，次のようなものが含まれるとしている。

⒜　現金を支払う義務。

⒝　財またはサービスを提供する義務。

⒞　不利な条件で他者と経済的資源を交換する義務。

⒟　不確実性のある特定の将来の事象が発生した場合に経済的資源を移転する義務。

⒠　報告企業に経済的資源を移転する義務を負わせる金融商品を発行する義務。

③　義務を消滅させる方法

「概念フレームワーク」は，経済的資源を受け取る権利を有している者に対

して，経済的資源を移転する義務を果たす代わりに，報告企業は，次のかたち
で義務を消滅させることがあるとしている。

(a) 義務を免除されることにより，その義務を決済する。

(b) 第三者に義務を移転する。

(c) 新しい取引を行い，経済的資源を移転する義務を別の義務と置き換える。

　「概念フレームワーク」は，上記の場合において，報告企業が義務を決済す
るか，移転するか，これを置き換えるまで，その報告企業は経済的資源を移転
する義務を有しているとしている。

第4節　資産と負債に共通する事項

(1) 会計単位

① 定　義
　「概念フレームワーク」は，会計単位とは，認識規準と測定の概念が適用さ
れる，権利もしくは権利のグループ，義務もしくは義務のグループ，または，
権利と義務のグループであると定義している。

② 会計単位の意義
　「概念フレームワーク」は，会計単位は，資産または負債および関連する収
益・費用に認識規準または測定概念がどのように適用されるのかを検討するに
あたり，その資産または負債について選択されるものであり，特定の項目に関
する会計単位と，認識と測定に関する要求事項は同時に考慮されるとしている。
また，具体的な会計単位の選択に関する意思決定はIFRS基準を開発する際に
行われるべきであり，「概念フレームワーク」を開発する際に行われるべきで
はないとしている。

③　認識の会計単位と測定の会計単位

「概念フレームワーク」は，状況によっては，認識についてある会計単位を選択し，測定について別の会計単位を選択することが適切であることがあるとしている。たとえば，契約のポートフォリオがある場合に，認識は個々の契約を単位としながら，測定はポートフォリオを単位とすることがあるとしている。

④　会計単位の選択

「概念フレームワーク」は，会計単位は，有用な情報，すなわち，目的適合性があり，忠実な表現となる情報を提供するように選択されるとしている。

目的適合性について，「概念フレームワーク」は，たとえば，次のような場合には，権利と義務のグループを単一の会計単位として扱うことが，個々の権利または義務をそれぞれ別個の会計単位とするよりも目的適合性のある情報を提供することがあるとしている。

(a)　それらの権利と義務を別々に取引することができないか，取引しない可能性が高い。

(b)　それらの権利と義務が，異なるパターンで失効することがないか，失効しない可能性が高い。

(c)　それらの権利と義務が，類似する経済的特徴とリスクを有しており，したがって，報告企業の将来の正味キャッシュ・インフローまたはアウトフローの見通しに類似する影響を与える可能性が高い。

(d)　それらの権利と義務が，報告企業が遂行する事業活動において合わせて用いられ，それらの相互依存的な将来キャッシュ・フローの見積りを参照して測定される。

また，「概念フレームワーク」は，資産または負債および関連する収益・費用に関する情報は，それらを生じさせた取引その他の事象の実質を忠実に表現しなければならないとしている。したがって，異なる源泉から生じた権利または義務を単一の会計単位として扱うことが必要になることもあれば，同じ源泉から生じる権利または義務を別個の会計単位として扱うことが必要になること

があるとしている。

⑤　会計単位とコストの制約

「概念フレームワーク」は，コストの制約が会計単位にも適用されるとしている。したがって，会計単位の選択にあたっては，その会計単位を選択することによって財務諸表の利用者に提供される情報によって得られる便益が，その情報を提供し，利用するうえで発生するコストを正当化する可能性が高いかどうかを考慮することが重要であるとしている。

また，「概念フレームワーク」は，一般論として，資産，負債，収益および費用の認識と測定に関するコストは，会計単位が小さくなればなるほど高くなるとしている。このため，一般論として，同じ源泉から生じる権利または義務は，会計単位を分けることによってもたらされる情報がより有用であり，かつ，その便益がコストを上回る場合にのみ，会計単位を分けることになるとしている。

⑥　同じ源泉から生じる権利と義務

「概念フレームワーク」は，同じ源泉から権利と義務の両方が生じ，それらの権利と義務が相互依存的であり，これらを分けることができない場合，単一の資産または負債となり，したがって単一の会計単位を構成するとしている。また，その例として，後述する未履行契約（本節(2)参照）を挙げている。

一方，「概念フレームワーク」は，同じ源泉から権利と義務の両方が生じる場合であっても，権利と義務を分けることができる場合，これらを分けて扱うことが適切であり，その結果として，別個の資産と負債が認識される場合があるとしている。

⑦　会計単位と相殺表示

「概念フレームワーク」は，権利と義務の組合せを単一の会計単位として扱うことは，資産と負債を相殺表示すること（第7章第3節(2)②および【図表

7-2】参照）とは別のことであるとしている。

⑧　会計単位の例

「概念フレームワーク」は，次のような単位が，会計単位になり得るとしている。

(a)　個別の権利または個別の義務

(b)　単一の源泉（たとえば，契約）から生じるすべての権利，すべての義務，または，すべての権利とすべての義務

(c)　単一の源泉から生じる権利もしくは義務（またはその両方）の部分集合（たとえば，有形固定資産に対する権利の部分集合で，その有形固定資産に対する他の権利とは耐用年数や消費のパターンが異なるもの）

(d)　類似する項目により構成されるポートフォリオにより生じる権利もしくは義務（またはその両方）の集合

(e)　類似しない項目により構成されるポートフォリオにより生じる権利もしくは義務（またはその両方）の集合（たとえば，単一の取引において処分される予定の資産と負債のポートフォリオ）

(f)　項目のポートフォリオにおけるリスク・エクスポージャー（ポートフォリオを構成する項目が共通のリスクにさらされている場合，そのポートフォリオの会計処理は，そのポートフォリオ全体のエクスポージャーに焦点を当てることがある）

⑵　未履行契約

①　定　義

「概念フレームワーク」は，未履行契約について，同程度に履行されていない，契約または契約の一部であると定義している。ここで，「同程度に履行されていない」とは，両当事者がいずれも，義務をまったく履行していないか，両当事者が同程度に義務を部分的に履行している場合をいうとしている。

② 未履行契約における権利と義務

「概念フレームワーク」は，未履行契約によって，経済的資源を交換する権利と義務の組合せが確立されるが，その権利と義務が相互依存的であり，分けることができないため，その権利と義務を組み合わせたものが単一の資産または負債を構成するとしている。ここで，現時点で交換条件が報告企業にとって有利なものであれば資産となり，不利であれば負債となるとしている。

また，「概念フレームワーク」は，そのような資産または負債が財務諸表に含められるかどうかについては，後述する認識規準（第5章第1節(2)参照）およびその資産または負債について選択された測定基礎（第6章第1節(2)参照）に依存するとしている。さらに，場合によっては，契約が不利であるかどうかのテストも含まれることがあるとしている。

Column(26)

未履行契約が別個の資産と負債の組合せになることはないのか

「概念フレームワーク」を開発する過程で，IASBは，未履行契約における権利と義務の組合せが報告企業にとって別個の資産（経済的資源を交換する権利。買建オプションに相当する。）と負債（経済的資源を交換する義務。売建オプションに相当する。）になることはないのか，検討したとしている。

経済的資源を交換する権利（買建オプション）は，経済的資源を交換するか，ペナルティなしに交換を放棄するかのいずれかを行う権利をその保有者に与える。一方，売建オプションの発行者は，オプションの保有者が権利を行使した場合に交換に応じる義務を負う。ここで，報告企業が買建オプションの保有者であると同時に，同じ経済的資源の交換に関する同じ内容の売建オプションの発行者である場合，次のようになるとIASBは分析した。

- ・ 買建オプションに基づき報告企業が交換を放棄することができる権利は，報告企業の売建オプションに基づき契約の相手方が権利を行使した場合に交換に応じなければならない義務によって無効となる。
- ・ 報告企業の売建オプションに基づき契約の相手方が交換を放棄することができる権利は，買建オプションに基づき報告企業が権利を行使した場合に交換しなければならない義務によって無効となる。

　したがって，報告企業が買建オプションの保有者であると同時に，同じ条件で同じ経済的資源を交換する売建オプションの発行者である場合，いずれの契約当事者も経済的資源の交換を回避する権利を有しておらず，この結果，契約当事者が契約を終了させることに同意しない限り，交換が発生することになるとIASBは分析した。

　また，この状況では，経済的資源を交換する報告企業の権利と義務があまりにも相互依存的であるために，これらは分けることができず，したがって単一の資産または負債として認識するほかないとIASBは分析した。ここで，交換条件が報告企業にとって有利であれば資産となり，不利であれば負債となるとした。

［買建オプションの保有者と売建オプションの発行者の権利の行動］

買建オプションの保有者の行動		売建オプションの発行者の行動
交換する権利を行使する	⇒	交換に応じる義務を有する
交換する権利を放棄する	⇒	なし

［報告企業が買建オプションの保有者であると同時に売建オプションの発行者である場合の行動］

①：買建オプションの保有者の行動		②：①に対する売建オプションの保有者の行動		③：②を受けた売建オプションの発行者の行動	④：①と③を組み合わせた報告企業の行動
交換する権利を行使する	⇒	交換する権利を放棄する	⇒	なし	**交換する**
交換する権利を放棄する	⇒	交換する権利を行使する	⇒	交換に応じる義務を有する	**交換する**

olumn(27)

未履行契約とリース会計の関係

　「概念フレームワーク」は，未履行契約とリース会計の関係について言及している。

　IFRS第16号「リース」の結論の根拠にあるように，リース開始日（commencement date）において，借手は一定の期間，原資産を使用する権利を獲得しており，貸手は借手が使用できるようにその資産を利用可能とすることでその権利を移転している。貸手がその権利を移転する義務を履行した時点で，リース契約はもはや未履行契約ではない。借手は使用権資産を支配しており，リース料に関する負債を有している。

108

olumn(28)

未履行契約と金融資産の取引日会計の関係

　「概念フレームワーク」は，未履行契約と金融資産の取引日会計の関係について言及している。

　IFRS第9号「金融商品」は，金融資産の通常の方法による売買（regular way purchase or sale）について，取引日会計を用いることを認めている。通常の方法による売買とは，関係する市場における規制または慣行によって一般的に設定されている期間内での資産の引渡しが行われる金融資産の購入または売却をいう。

　たとえば，約定日の3日後に決済が行われる株式の売買取引の場合，株価の変動に伴って価値が変動し，約定日において資金を必要とせず，また，将来の時点で決済されるため，デリバティブの3つの特徴を満たすことになると考えられる。しかし，3日間という日数が，その市場における同種の取引の標準的な決済期間である場合には，デリバティブの会計処理を行わず，約定日（取引日）においてその金融資産が移転したものとして扱うのが取引日会計である。

　IFRS第9号は，短期で行われる取引を管理し，記録する簡潔かつ実務的な方法として取引日会計を認めている。すなわち，この方法はコストの制約を考慮して認めているものであり，「概念フレームワーク」において未履行契約に関する記述が追加されても問題はないと考えられていることが示唆されている。

③　未履行契約が未履行でなくなる場合

　「概念フレームワーク」は，契約の当事者のいずれかが契約に基づく義務を履行した時点で，その契約は未履行契約ではなくなるとしている。すなわち，報告企業が先に契約に基づく義務を履行する場合，その履行により，経済的資源を交換する権利と義務は，経済的資源を受け取る権利に変化し，それはその報告企業の資産となるとしている。一方，契約の相手方が先に契約に基づく義務を履行する場合，その履行により，経済的資源を交換する報告企業の権利と義務は，経済的資源を移転する義務に変化し，それはその報告企業の負債となるとしている。

(3)　契約上の権利と義務の実質

①　契約の実質の報告

「概念フレームワーク」は，契約条件は，契約の当事者である報告企業において権利と義務を創出し，それらの権利と義務を忠実に表現するには，財務諸表はそれらの権利と義務の実質を報告しなければならないとしている。

また，「概念フレームワーク」は，権利と義務の実質は契約の法的形式から明確である場合もあれば，権利と義務の実質について契約条件の分析が必要となる場合があるとしている。

②　実質のない契約条件

「概念フレームワーク」は，契約条件が明示的であれ，黙示的であれ，その契約条件に実質がない場合を除き，すべての契約条件が考慮されるとしている。黙示的な契約条件には，たとえば，法令により課される義務（顧客に財を販売する契約を締結する報告企業に法令上，課される製品保証の義務など）が含まれるとしている。

また，「概念フレームワーク」は，実質のない契約条件は無視されるとしている。ここで，実質のない契約条件とは，契約に識別可能な経済効果がないものをいい，例として次のものを挙げている。

- いずれの契約当事者も拘束しない契約条件
- その権利の保有者がいかなる状況においてもその権利を行使する実務上の能力を有していない権利（オプションを含む。）

③　単一の経済効果を意図した複数の契約

「概念フレームワーク」は，複数の契約または一連の契約が，全体として1つの経済効果を達成するように設計されている場合があるとしており，それらの契約の実質を報告するためには，それらの契約から生じる権利と義務を単一の会計単位として扱う必要がある可能性があるとしている。たとえば，ある契

約における権利または義務が，同じ相手方と同時に締結された別の契約における権利または義務を完全に無効にするものである場合，これら2つの契約は，組み合わせてみれば，権利も義務もまったく創出しないとしている。

　一方，単一の契約によって2つ以上の権利または義務が創出され，それらの権利または義務が複数の契約によって創出され得る場合，報告企業は，それらの権利と義務を忠実に表現するため，それらがあたかも別個の契約から創出されたかのように会計処理しなければならないことがあるとしている。

第5節　資本の定義

(1) 定　義

　前述（本章第1節参照）のとおり，「概念フレームワーク」は，資本について，報告企業のすべての負債を控除した後のその報告企業の資産に対する残余持分であると定義している。すなわち，資本とは，報告企業に対する請求権のうち，負債の定義を満たさないものをいう。

　なお，「概念フレームワーク」は，事業活動は，株式会社という企業形態に限らず，個人事業，パートナーシップ，信託等の企業形態をとって行われることがあり，これらの企業形態における法律上・規制上の枠組みは，株式会社の法律上・規制上の枠組みとは異なることが多いとしている。しかし，「概念フレームワーク」の資本の定義はすべての企業形態に適用されるものであるとしている。

Column(29)

負債と資本の二分法

　「概念フレームワーク」を開発する過程で，IASBは，報告企業に対する請求権に関して有用な情報を財務諸表に提供するうえで，引き続き，負債と資本の二分法によることが適切であるかどうか検討した。

　請求権を二分せずにすべての請求権を財務諸表の単一の構成要素とすることにすれば，請求権の種類ごとに，その請求権の種類に固有の特徴に合わせて会計処理を決められるようになる。しかし，すべての請求権の種類について直接測定しない限り，残余となる請求権の少なくとも１種類は，資産と負債の金額を参照することによって，間接的に測定されることになる。すべての請求権の種類について直接測定するには，報告企業全体の価値を測定しなければならないが，そうすることは一般目的の財務報告書の目的を超えることになる（第１章第２節(6)②参照）。したがって，IASBは，請求権について，少なくとも，直接的に測定される請求権と残余として間接的に測定される請求権の２種類に分けることは避けられないと結論付けた。

　また，一部の関係者から，資本を直接定義し，負債と資本の両方の特徴を有する請求権については別個の財務諸表の構成要素（第３の請求権）とした方が，報告企業に対する請求権をよりよく描写することになるとの意見が寄せられたが，IASBは，別個の財務諸表の構成要素を導入することは，分類を複雑にし，会計処理を複雑にすると結論付けた。また，この第３の請求権について，その変動が収益または費用の定義を満たすかどうかについても決める必要があると指摘した。IASBは，同様の結果は，負債または資本の内訳として異なる種類の請求権を別個に表示することによっても達成されると考えたとしている。

(2)　資本となる請求権

　「概念フレームワーク」は，資本となる請求権は契約，法律または類似する手段により確立され，負債の定義を満たさない限りにおいて，次のようなものが含まれるとしている。

(a)　報告企業が発行するさまざまな種類の株式
(b)　資本に対する請求権を発行する報告企業の義務

(3) 資本となる請求権の保有者の権利

「概念フレームワーク」は，資本に対する請求権は，普通株式や優先株式など，その種類によって，それらの保有者に与えられる権利が異なることがあるとしている。保有者には，たとえば，次の一部または全部を受け取る権利が与えられるとしている。

(a) 報告企業が配当を支払うことを決定した場合の配当

(b) 資本の払戻し（清算の場合には資本の全部，他の場合には資本の一部）

(c) その他の資本に対する請求権

(4) 資本に対する制約

「概念フレームワーク」は，場合によっては，法律上，規制上その他の要求事項により，資本金や留保利益などの資本の特定の構成要素が制限を受けることがあるとしている。たとえば，分配可能な剰余金が十分にある場合にのみ，資本に対する請求権の保有者への分配が認められている場合があるとしている。

第6節　収益と費用の定義

(1) 定　義

前述（本章第1節参照）のとおり，「概念フレームワーク」は，収益について，資本に対する請求権の保有者からの拠出に関連するものを除く，資本の増加をもたらす，資産の増加または負債の減少であると定義している。また，費用について，資本に対する請求権の保有者への分配に関連するものを除く，資本の減少をもたらす，資産の減少または負債の増加であると定義している。

また，「概念フレームワーク」は，これらの収益と費用の定義から，資本に対する請求権の保有者からの拠出は収益の定義を満たさず，資本に対する請求権の保有者への分配は費用の定義を満たさないとしている。

　なお，「概念フレームワーク」は，資産または負債の変動により，「収益および費用」が生じると表現しているが，資産または負債の変動により収益と費用の両方が発生するとは限らず，実際には収益と費用のいずれかが生じることが多いと考えられる。ここでいう「収益および費用」は，わが国でいう「損益」に近いものと考えられるため，本書では，このような文脈で「概念フレームワーク」が「収益および費用」に言及していると考えられる場合には，「収益・費用」と表現している。

2010年の概念フレームワークからの変更点

　2010年の概念フレームワークは，広義の収益（income）には，収益（revenue）と利得（gains）の両方が含まれるが，いずれも経済的便益の増加額を表していることから，別個の財務諸表の構成要素とはならないとしていた。同様に，費用（expenses）には，「企業の通常の活動において発生する費用」と「損失（losses）」の両方が含まれるが，いずれも経済的便益の減少額を表していることから，別個の財務諸表の構成要素とはならないとしていた。

　「概念フレームワーク」は2010年の概念フレームワークの考えを踏襲し，財務業績に関する財務諸表の構成要素は収益と費用であるとしたうえで，収益と費用がさらに分類され得ることを示唆することは適切ではないとの理由で，上記の説明を削除している。

Column(30)

資産と負債の変動に関連付けた収益と費用の定義

　「概念フレームワーク」を開発する過程で，収益と費用について，これらを資産と負債の変動に関連付けて定義することについて，一部の関係者は次の理由から反対した。

- 財務業績の計算書と比較して，必要以上に財政状態計算書を重視している。
- 財務業績の計算書において取引について会計処理することの重要性や，収益と費用を対応させること（マッチング）の重要性を十分に認めていない。

　これに対し，IASBは次のように反論している。

- IASBは，認識，測定，表示および開示について意思決定を行うにあ

たり，結果として提供される情報が，報告企業の財政状態と財務業績に関して有用な情報を提供するかどうかを検討することとしている。財政状態計算書のみを考慮する，あるいは財政状態計算書を優先して考慮するということはない。

- 収益または費用をもたらす取引は，資産もしくは負債（またはその両方）の変動ももたらす。したがって，収益または費用を識別することは，必然的に，どの資産もしくは負債（またはその両方）が変動したのかを識別することになる。IASBその他の会計基準設定主体は，過去何年もの経験から，資産と負債を先に定義し，収益と費用を資産と負債の変動に関連付けて定義した方が，先に収益と費用を定義し，資産と負債を収益と費用を認識する際の副産物として説明するよりも，より効果的であり，効率的であり，より堅牢であることを学んでいる。

- 資産と負債の定義は，単なる会計技術上の産物ではなく，現実の経済事象（経済的資源と，経済的資源を移転する義務）に根差したものである。資産，負債および資本を描写する財政状態計算書の方が，収益と費用のマッチングの過程で副産物として生じた勘定の要約よりも，利用者に対し，報告企業の財政状態について，より目的適合性があり，理解可能性がある情報を提供する。

- 収益と費用のマッチングに基づくアプローチは，その収益と費用がどの期間に関連するものであるかを決定しない。後述（第5章第1節(1)④）するように，収益と費用が相互に関連するものであれば，関連する資産と負債が同時に変動するため，多くの場合，同時に認識される。一方，収益と費用を対応させるために，資産または負債の定義を満たさない項目を財政状態計算書において認識することは正当化されない。

(2) 収益と費用の重要性

「概念フレームワーク」は，収益と費用は報告企業の財務業績に関連する財務諸表の構成要素であるとしている。また，財務諸表の利用者は報告企業の財政状態と財務業績の両方についての情報を必要としているため，収益と費用が資産と負債の変動という観点から定義されているものの，収益と費用に関する情報は資産と負債に関する情報と同じだけ重要であるとしている。

　また，「概念フレームワーク」は，取引その他の事象が異なれば，特徴が異なる収益と費用が発生するため，異なる特徴を有する収益と費用について情報を分けて提供することは，財務諸表の利用者が報告企業の財務業績を理解するうえで役立つとしている。

Column（31）

採用されなかった財務諸表の構成要素

　「概念フレームワーク」の開発にあたり，IASBは次の項目を財務諸表の構成要素とするかどうかを検討したとしている。

- 資本に対する請求権の保有者からの拠出
- 資本に対する請求権の保有者への分配
- キャッシュ・インフロー
- キャッシュ・アウトフロー

　これらの項目は従前の概念フレームワークにおいても存在しないが，存在しなかったことがこれまでに問題となったことがないことから，IASBはこれらを「概念フレームワーク」に含めないこととしたとしている。

第5章
認識と認識の中止

第1節　認　識

第2節　認識の中止

本章の概要

「概念フレームワーク」の第5章は，認識と認識の中止を扱っている。

認識は，従前の概念フレームワークも扱ってきた領域である。財務諸表の構成要素の定義を満たす項目であっても，認識規準を満たさない場合には最終的に財務諸表において認識しないため，認識規準は重要であるが，「概念フレームワーク」はこの認識規準を変更している。

認識の中止は，これまでの概念フレームワークが扱ってこなかった領域である。したがって，認識の中止に関連する記述はすべて新設されたものである。

第1節　認　識

(1)　認識プロセス

①　認識の定義

「概念フレームワーク」は，認識とは，財政状態計算書または財務業績の計算書に含めるために，財務諸表の構成要素（すなわち，資産，負債，資本，収益または費用）のいずれかの定義を満たす項目を捕捉するプロセスであると定義している。

②　認識された金額と合計

「概念フレームワーク」は，認識には，単独で，または他の項目と合算したうえで，財政状態計算書または財務業績の計算書において，その項目について言葉と金額によって描写することと，その金額を計算書の1つ以上の合計に含めることが含まれるとしている。

なお，「概念フレームワーク」は，財政状態計算書において資産，負債または資本が認識される金額は「帳簿価額（carrying amount）」と呼ばれるとしている。

また，「概念フレームワーク」は，財政状態計算書と財務業績の計算書は，報告企業が認識した資産，負債，資本，収益および費用を構造化された要約として描写するものであり，財務情報が比較可能かつ理解可能であるように設計されているとしている。さらに，それらの要約の構造に関する重要な特徴は，計算書において認識される金額が，その計算書において認識された項目を結び付ける合計に（小計がある場合にはその小計にも）含められることであるとしている。

図表 5 - 1　認識による財務諸表の構成要素間の結び付き

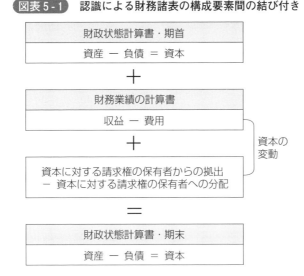

③　認識による財務諸表の構成要素間の結び付き

「概念フレームワーク」は，認識は，財務諸表の構成要素，財政状態計算書および財務業績の計算書を結び付けるものであるとしている（【図表 5 - 1】参照）。

(a)　期首と期末の財政状態計算書において，資産合計から負債合計を引いたものが資本合計である。

(b)　期間中に認識される資本の変動は次の合計により構成される。

　　（ⅰ）　財務業績の計算書において認識された収益から費用を引いたもの

　　（ⅱ）　資本に対する請求権の保有者からの拠出から，資本に対する請求権の保有者への分配を引いたもの

「概念フレームワーク」は，このように計算書が結び付くのは，ある項目を認識する（または帳簿価額の変動を認識する）ためには，1以上の他の項目の認識もしくは認識の中止（または帳簿価額の変動）が要求されるからであるとしている。たとえば，次のような例を挙げている（【図表 5 - 2】参照）。

120

図表5-2 収益または費用を認識した場合の資産または負債の変動

【収益が認識される場合】

（借方）資産 　※資産の当初認識または既存の資産の 　　帳簿価額の増加 （借方）負債 　※負債の認識の中止または負債の 　　帳簿価額の減少	（貸方）収益

【費用が認識される場合】

（貸方）費用	（借方）負債 　※負債の当初認識または既存の負債の 　　帳簿価額の増加 （借方）資産 　※資産の認識の中止または資産の 　　帳簿価額の減少

(a) 収益の認識と同時に，次のいずれかが発生する。

　(i) 資産の当初認識，または資産の帳簿価額の増加

　(ii) 負債の認識の中止，または負債の帳簿価額の減少

(b) 費用の認識と同時に，次のいずれかが発生する。

　(i) 負債の当初認識，または負債の帳簿価額の増加

　(ii) 資産の認識の中止，または資産の帳簿価額の減少

④　収益と費用の対応

「概念フレームワーク」は，取引その他の事象から生じる資産または負債の当初認識により，収益と，これに関連する費用が同時に認識されることがあるとしている。たとえば，現金と交換に財が販売される場合，収益（資産（ここでは現金）の認識）と費用（資産（ここでは販売された財）の認識の中止）が同時に認識されるとしている。また，このように収益と費用が同時に認識され

ることを収益と費用の対応（マッチング）と呼ぶことがあるとしている。

「概念フレームワーク」は，資産と負債の変動を認識した結果として，収益と費用が対応することになることは適切であるものの，マッチングそのもの，すなわち，収益と費用を対応させることそれ自体が目的ではないとしている。

また，「概念フレームワーク」は，この文脈で，資産，負債または資本の定義を満たさない項目を財政状態計算書において認識することを認めていないとしている。すなわち，マッチングのために，資産，負債または資本の定義を満たさない項目を認識することはできないことを明確にしている。

(2) 認識規準

① 定義と認識の関係

「概念フレームワーク」は，資産，負債または資本の定義を満たす項目のみが財政状態計算書において認識され，収益または費用の定義を満たす項目のみが財務業績の計算書において認識されるとしている。ただし，「概念フレームワーク」は，財務諸表の構成要素の定義を満たす項目のすべてが財務諸表において認識されるわけではないとしている。

「概念フレームワーク」は，財務諸表の構成要素の定義を満たす項目を認識しないことは，財政状態計算書と財務業績の計算書をより不完全なものとし，有用な情報を財務諸表から排除することになる可能性があるとしている。同時に，状況によっては，財務諸表の構成要素の定義を満たす項目のすべてを認識することが，有用な情報を提供しない可能性があるとしている。

Column (32)

定義を満たすものはすべて認識するとの大原則を置くべきか

「概念フレームワーク」を開発する過程で，IASBは，資産または負債の定義を満たすすべての項目を財務諸表において認識すべきであるとする大原則を置くかどうかについて検討した。これは，IASBが特定の項目を認識することが有用な情報を提供しないと結論付けた場合に，個々のIFRS基準においてこの大原則に関する例外を設けなければならないことを意味した。

IASBは，今後も，特定の資産または特定の負債を認識することが有用な情報を提供しないと結論付けたり，特定の資産または特定の負債を認識するコストがその便益を上回ると結論付けたりすることがあり得るため，このような大原則は置かないこととしたとしている。

② 認識規準

「概念フレームワーク」は，資産（負債）が認識されるのは，その資産（負債）および結果として生じる収益，費用，または資本の変動を認識することが，財務諸表の利用者に有用な情報，すなわち，目的適合性があり，忠実な表現をもたらす場合のみであるとしている。

2010年の概念フレームワークからの変更点

2010年の概念フレームワークは，財務諸表の構成要素の定義を満たす項目が次のいずれをも満たす場合に，企業はその項目を認識するとしていた。
- その項目に関連する将来の経済的便益が企業に流入または流出する可能性が高い（いわゆる「蓋然性規準」）
- その項目が信頼性をもって測定できる原価または価値を有している（いわゆる「測定の信頼性規準」）

「概念フレームワーク」は，2010年の概念フレームワークの認識規準には次のような問題があったとしている。
- 「概念フレームワーク」が公表される前に開発されたIFRS基準のなかには，蓋然性に基づく認識規準を適用したものがあるが，その認識規準は整合的に用いられていなかった。「可能性が高い（probable）」，「そうである可能性がそうでない可能性よりも高い（more likely than not）」，「ほとんど確実（virtually certain）」

および「合理的に考えられる（reasonably possible）」など，さまざまな蓋然性の閾値が用いられた。

- 蓋然性規準をいくつかの認識上の問題に適用した場合，目的適合性がある情報が失われるか，報告企業の財政状態または財務業績についてミスリーディングな表現となる可能性があった。たとえば，蓋然性規準を適用した場合，一部のデリバティブ（ディープ・アウト・オブ・ザ・マネーのオプションなど。Column(33)参照。）が認識できない可能性があった。また，経済的には利得が生じていないにもかかわらず，取引について会計上の利得が生じる可能性があった。たとえば，現金を受け取ることと交換に，報告企業が，発生の可能性が低い事象が発生した場合に固定額の現金を支払うことを約束する負債を負うことを考える。報告企業が現金を受け取ったときに経済的便益の流出が発生する可能性が高くないことを理由に負債を認識しない場合，その報告企業はただちに会計上の利得を認識することになる。このような問題を回避するため，「概念フレームワーク」が開発される前に開発されたIFRS基準であっても，その一部（IFRS第9号「金融商品」など）は，蓋然性規準を適用していない。
- 認識規準における「信頼性」の意味が明確ではなく，不適切な帰結をもたらす可能性があった。1989年の概念フレームワークにおいて信頼性は質的特性の1つに識別されていたものの，2010年の概念フレームワークでは質的特性に言及するうえで「信頼性」という用語は用いられず，定義もされなかった（Column(8)参照）。実務において，「信頼性のある」測定値は，測定の不確実性が許容範囲内にあり，場合によっては検証可能性と無謬性を有するものであると一般的に解釈されていた。したがって，信頼性のある測定に言及した認識規準は，たとえその項目を認識することが有用な情報を提供したとしても，測定の不確実性の水準が高い場合には認識が禁止されると解釈される可能性があった。

「概念フレームワーク」は，2010年の概念フレームワークは，類似する目的を有していたものの，異なる手段により達成しようとしていたとしている。具体的には，次のように述べている。

- 2010年の概念フレームワークは，認識することが，有用な財務諸表の質的特性を有する情報を提供しない可能性が高い場合について，実務的であるものの主観的なフィルターを設けた。そのフィルターが，蓋然性規準と測定の信頼性規準であった。
- 「概念フレームワーク」は，直接，質的特性に言及し，それらの質的特性をどのように適用するのかについてガイダンスを提供している。そのガイダンスでは，認識することによってそれらの質的特性を欠く情報がもたらされる可能性がある場合について説明している。

124

⦿olumn(33)

デリバティブと認識規準

　従前の認識規準が問題となった状況について，資産の買建プット・オプションを例に考える。オプションの行使価格と現在の資産の価格が大きく乖離している場合（すなわち，ディープ・アウト・オブ・ザ・マネーである場合），権利行使によって利得を得られない確率は高く，この買建オプションは従前の認識規準のうちの蓋然性規準を満たさないため，資産として認識すべきではないという結論が導かれる。

　しかし，オプションの権利行使価格と現在の資産の価格が大きく乖離している場合であっても，資産の価格のボラティリティが十分に大きければ，実際に取引が行われることもある。このような場合であっても資産を認識できないことは不合理であるため，蓋然性規準が不適切であるという主張が聞かれるようになった。

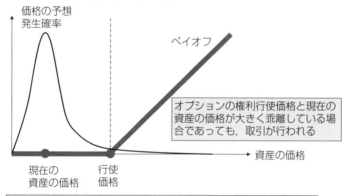

価格の予想発生確率

ペイオフ

オプションの権利行使価格と現在の資産の価格が大きく乖離している場合であっても，取引が行われる

資産の価格

現在の資産の価格

行使価格

権利行使によって利得を得られない確率が高く，蓋然性が低いため，この買建オプションは従前の認識規準を満たさない

olumn（34）

蓋然性規準は必要か

　「概念フレームワーク」を開発する過程で，多くの関係者は認識規準に蓋然性規準を残すべきであると主張した。具体的には，次の点を主張した。

- ・ 蓋然性規準は，質的特性を適用する実務的な方法であることが判明している。
- ・ 蓋然性規準をなくすことは，資産の定義から「期待される」という用語をなくし，負債の定義から「予想される」という用語をなくすことと併せて考えた場合，経済的便益が流入（流出）する蓋然性が低い資産（負債）をより多く認識することになる（Column（16）参照）が，そのことは有用な情報を提供しない。
- ・ 将来の経済的便益の流入（流出）の蓋然性が低い資産（負債）を認識する場合，期待値に基づく金額により測定しなければならない可能性がある。そのような測定は困難であり，財務諸表の作成者にとって負担となる。

　また，一部の関係者は，一部の資産（負債）（特許権や研究開発費など）について蓋然性規準を適用し，他の資産（負債）（デリバティブなど）については適用しないことや，一部の取引について蓋然性規準を適用し，他の取引（現金による資産の購入取引など）については適用しないことを提案した。これらの関係者は，一部の金融商品を認識できるようにするためだけに認識規準から蓋然性規準をなくすべきではなく，そのような結果が得たいのであれば，IFRS基準において金融商品について例外を設ければよいと主張した。

　IASBは，蓋然性規準が，資産（負債）を認識することが目的適合性のある情報を提供しない可能性がある場合にこれらを排除する実務的な方法であることを認めた。しかし，IASBは，次の理由から，認識規準に蓋然性規準を含めないこととした。

- ・ 認識することによって目的適合性のある情報が提供できるにもかかわらず，資産（負債）を認識しないことになる可能性がある。
- ・ すべてのIFRS基準およびすべての認識の対象となる事象を通じて適用可能な蓋然性の閾値を設けることが困難である。
- ・ 経済的便益の流入（流出）の蓋然性が低い資産（負債）に用いられる測定基礎は何であれ，その蓋然性の低さを反映する可能性が高く，要求される測定基礎が流入（流出）する経済的便益の最小値

　（最大値）となる可能性は低い。

　認識規準に蓋然性規準を含めないこととしたものの，IASBは「概念フレームワーク」において，経済的便益が流入（流出）する蓋然性が低いことが，その項目を認識することが目的適合性のある情報を提供しないことを示す指標となる可能性があると記述している。

---

③　コストの制約

　「概念フレームワーク」は，コストが他の財務報告に関する意思決定の制約となるように，認識に関する意思決定の制約となるとしている。

　具体的には，「概念フレームワーク」は，資産（負債）の認識にはコストがかかり，資産（負債）の目的適合性ある測定値を入手するうえで財務諸表の作成者にコストがかかるのに対し，提供された情報を分析し，解釈するうえで財務諸表の利用者にコストがかかるとしている。したがって，ある項目を認識するかどうかは判断を必要とするものであり，認識に関する要求事項はIFRS基準間で異なることがあるとしている。

④　定義を満たす項目を認識しない場合

　「概念フレームワーク」は，認識に関する意思決定を行うにあたり，資産（負債）を認識しないこととした場合にどのような情報が提供されるのかを考慮することが重要であるとしている。たとえば，支出が発生したときに資産を認識しない場合，費用を認識することになるが，長期にわたり費用を認識することによって，場合によっては財務諸表の利用者がトレンドを識別することが可能になるとしている。

　また，「概念フレームワーク」は，資産（負債）の定義を満たす項目を認識しないこととした場合であっても，報告企業はその項目に関する情報を注記において提供する必要がある場合があるとしている。財政状態計算書によって（場合によっては財務業績の計算書によって）提供される構造化された要約に含まれていないことを補うために，どのようにそのような情報を十分に可視化

するのかを考慮することが重要であるとしている。

(3)　認識における目的適合性

①　認識することが必ずしも目的適合性がある情報を提供しない場合

「概念フレームワーク」は，特定の資産（負債）および結果として生じる収益，費用，または資本の変動を認識することが，必ずしも目的適合性がある情報を提供しないとしており，その例として，次のものを挙げている。

- 資産（負債）が存在するかどうかについて不確実性がある。
- 資産（負債）は存在するものの，経済的便益が流入（流出）する蓋然性が低い。

また，「概念フレームワーク」は，上記の要素が1つでもあれば自動的に目的適合性がないという結論にはならないとし，結論は他の要因の影響も受けるとしている。すなわち，認識することによって目的適合性がある情報が提供されるかどうかは，単一の要因ではなく，複数の要因の組合せによって決まることがあるとしている。

②　存在の不確実性

前述のとおり，「概念フレームワーク」は，権利（義務）の存在に不確実性がある場合（義務については第4章第3節(3)⑦参照）があり，その結果として，資産（負債）が存在するかどうかについて不確実性がある場合があるとしている。また，そのような不確実性がある状況で，場合によっては経済的便益の流入（流出）の蓋然性が低い場合（後述）や，考えられる結果の範囲が例外的に広い場合と組み合わせたときに，資産（負債）を単一の金額によって測定したうえで認識することが，目的適合性がない情報を提供する可能性があるとしている。

「概念フレームワーク」は，存在の不確実性がある場合に認識をどのように考えるべきかについて，詳細なガイダンスを提供していない。適切なアプローチは，事実と状況によるからであるとしている。

128

なお，「概念フレームワーク」は，資産（負債）を認識したかどうかにかかわらず，関連する不確実性に関する説明的な情報を財務諸表において提供する必要があることがあるとしている。

③ 経済的便益が流入・流出する蓋然性が低い場合

前述（Column(16)参照）のとおり，「概念フレームワーク」は，経済的便益の流入（流出）の蓋然性が低い場合であっても，資産（負債）の定義を満たすことがあるとしている。

「概念フレームワーク」は，経済的便益が流入（流出）する蓋然性が低い場合，その資産（負債）に関する最も目的適合性のある情報は，考えられる流入（流出）の規模，その考えられる時期，および発生の蓋然性に影響を与える要因に関する情報であることがあり，このような情報を提供する典型的な場所は注記であるとしている。

ただし，次のような場合には，資産（負債）を認識することが目的適合性のある情報を提供することがあるとしている。

(a) 市場条件での交換取引において資産を取得（負債が発生）した場合，その原価は一般的に，経済的便益の流入（流出）の蓋然性を反映している。したがって，その原価は目的適合性がある可能性があり，その情報は一般的に，容易に入手可能である。また，資産（負債）を認識しない場合，交換時に費用（収益）を認識することになり，取引の忠実な表現とはならない可能性がある。

(b) 交換取引ではない事象から資産（負債）が生じる場合，通常，その資産（負債）を認識することにより収益（費用）が認識される。資産（負債）が経済的便益の流入（流出）をもたらす蓋然性が低いものでしかない場合には，財務諸表の利用者は，資産と収益，または負債と費用を認識することについて，目的適合性のある情報とはみなさない可能性がある。

(4)　認識における忠実な表現

①　認識が忠実な表現をもたらさない場合

「概念フレームワーク」は，特定の資産（負債）を認識することが適切であるのは，それを認識することによって目的適合性がある情報が提供されるだけではなく，その資産（負債）および結果として生じる収益，費用，または資本の変動の忠実な表現が提供される場合であるとしている。また，忠実な表現が提供されるかどうかは，その資産（負債）に関連する測定の不確実性の水準その他の要因の影響を受ける可能性があるとしている。

②　測定の不確実性

「概念フレームワーク」は，資産（負債）を認識するには，その資産（負債）を測定しなければならないものの，多くの場合，その測定値は見積らなければならず，したがってその資産（負債）は測定の不確実性にさらされているとしている。また，前述（第 2 章第 4 節(3)①参照）のとおり，合理的な見積りを行うことは財務情報の作成にあたっての不可欠な一部分であり，見積りが明確かつ正確に説明されている限りにおいて，情報の有用性を損なうものではないとしている。さらに，測定の不確実性が高い場合であっても，その見積りが有用な情報を提供しないことには必ずしもならないとしている。

　同時に，「概念フレームワーク」は，場合によっては，資産（負債）の測定値の見積りに関する不確実性の水準があまりにも高いために，見積りがその資産（負債）および結果として生じる収益，費用，または資本の変動を十分に忠実に表現するかどうか疑わしい場合があるとしている。測定の不確実性の水準があまりにも高い例として，資産（負債）の測定値を見積る唯一の方法がキャッシュ・フローに基づく測定技法（第 6 章第 8 節参照）を用いる方法であり，かつ，次のいずれかが該当する場合があるとしている。

(a)　考えられる結果の範囲が例外的に広く，それぞれの結果の蓋然性を見積ることが例外的に困難である。

⒝　測定値が，異なる結果の蓋然性の見積りの小さな変動に対する感応度が高い（たとえば，将来の現金の流入（流出）が発生する蓋然性が例外的に低いものの，それが発生した場合の現金の流入（流出）の規模が例外的に大きい）。

⒞　資産（負債）の測定が，測定の対象となる資産（負債）のみに関連しないキャッシュ・フローの例外的に困難な配分または例外的に主観的な配分を必要とする。

「概念フレームワーク」は，上記の状況において，最も有用な情報は，不確実性が高い見積りに基づく測定値に，見積りに関する記述および見積りに影響を与える不確実性に関する説明を添えることである場合があるとしている。測定値がその資産（負債）の最も目的適合性のある測定値である場合に，このようになる可能性が高いとしている。

　一方，「概念フレームワーク」は，その情報が，資産（負債）および結果として生じる収益，費用，または資本の変動に関する十分に忠実な表現を提供しない場合，最も有用な情報は，少し目的適合性で劣るものの，測定の不確実性がより低い，別の測定値に，必要な記述および説明を添えたものであることがあるとしている。

　「概念フレームワーク」は，限定された状況において，資産（負債）に関して利用可能（または入手可能）なすべての測定値について，測定の不確実性があまりにも高いために，たとえ測定値に見積りに関する記述やその見積りに影響を与える不確実性に関する説明を添えたとしても，その資産（負債）および結果として生じる収益，費用，または資本の変動に関する測定値で有用な情報を提供するものが1つもないことがあるとしている。「概念フレームワーク」は，このような限定された状況において，資産（負債）は認識されないとしている。

　なお，「概念フレームワーク」は，資産（負債）を認識したかどうかにかかわらず，資産（負債）の忠実な表現を行うにあたっては，その資産（負債）の存在または測定に関する不確実性，あるいは結果（その資産（負債）から最終

的にもたらされる経済的便益の流入（流出）の金額または時期）の不確実性についての説明的な情報を提供しなければならない可能性があるとしている。

olumn (35)

測定の不確実性の非対称性

　「概念フレームワーク」を開発する過程で，一部の関係者から，負債または費用の測定の不確実性について許容される水準は，資産または収益の測定の不確実性について許容される水準よりも高くすべきであるとの意見が寄せられた。これらの関係者は，この考え方は「非対称な慎重性」（Column (10) 参照）の適用例であると説明した。

　IASBは，その水準を超えた場合には忠実な表現とはならなくなるような測定の不確実性の水準は事実と状況によって異なるため，IFRS基準を開発する際にのみ，決定可能であると結論付けたとしている。

③　その他の要因

　「概念フレームワーク」は，認識した資産，負債，資本，収益または費用の忠実な表現には，その項目を認識することだけでなく，その項目の測定値や，その項目に関する情報の表示と開示が含まれるとしている。したがって，資産（負債）を認識することがその資産（負債）の忠実な表現をもたらすかどうかを評価するにあたっては，財政状態計算書における記述と測定値だけではなく，次のことも考慮する必要があるとしている。

- 結果として生じる収益，費用，または資本の変動の描写。たとえば，報告企業が対価と交換に資産を取得する場合，資産を認識しなければ費用を認識することになり，その報告企業の利益と資本を減らすことになる。場合によっては，たとえば，報告企業がただちに資産を消費しなければ，この結果は，その報告企業の財政状態が悪化したという誤解を招く表現となる可能性がある。

- 関連する資産と負債が認識されているかどうか。関連する資産と負債が認識されていない場合，資産（負債）を認識することは認識の不整合（会計

132

上のミスマッチ）を生み出す可能性がある。たとえ説明的な情報が注記において提供されたとしても，資産（負債）を生じさせた取引その他の事象の影響の全体像に関する理解可能性のある表現または忠実な表現とはならない可能性がある。

- 資産（負債）および結果として生じる収益，費用，または資本の変動に関する状況の表示と開示。完全性のある描写は，財務諸表の利用者が描写されている経済現象の理解に必要なすべての情報を含むものである（第2章第4節(2)②参照）。したがって，関連する情報の表示と開示により，認識された金額が資産，負債，資本，収益または費用の忠実な表現の一部となることがある。

第2節　認識の中止

(1)　認識の中止の定義

「概念フレームワーク」は，認識の中止とは，報告企業の財政状態計算書から認識されている資産または負債の一部または全部を取り除くことであると定義している。また，認識の中止は，通常，項目がもはや資産または負債の定義を満たさなくなったときに発生するとし，具体的に次のように述べている。

- 資産においては，通常，報告企業が認識された資産の一部または全部に対する支配を喪失したときに認識の中止が発生する。
- 負債においては，通常，報告企業が認識された負債の一部または全部についてもはや現在の義務を有さなくなったときに認識の中止が発生する。

2010年の概念フレームワークからの変更点

2010年の概念フレームワークは，認識の中止を定義しておらず，どのような場合に認識の中止が起こるのかについて記述していない。「概念フレームワーク」はこれらの点について新しく記述している。

(2)　認識の中止に関する要求事項

①　認識の中止に関する要求事項の目的

「概念フレームワーク」は，認識の中止に関する会計上の要求事項の目的は，次の両方を忠実に表現することにあるとしている。

(a)　認識の中止に至った取引その他の事象の後に報告企業に資産（負債）が残る場合の，その資産（負債）（その取引その他の事象の一環として取得，発生または創出した資産（負債）を含む。）

(b)　その取引その他の事象の結果として生じた報告企業の資産（負債）の変動

Column（36）

認識の中止に関する2つのアプローチ

「概念フレームワーク」は，認識の中止に関するこれまでの議論は，典型的には次の2つのアプローチを対比するかたちで行われてきたとしている。

支配アプローチ	認識の中止は認識の鏡像であり，報告企業は，認識規準を満たさなくなったとき（あるいは，もはや存在しなくなったとき，または報告企業の資産（負債）でなくなったとき）に資産（負債）の認識を中止する。
リスク・経済価値アプローチ	報告企業は，資産（負債）が生み出すリスクと経済価値のほとんどにさらされなくなるまで，その資産（負債）の認識を継続する。

「概念フレームワーク」は，支配アプローチは，認識の中止に関する要求事項の目的(a)を重視しており，リスク・経済価値アプローチは，認識の中止に関する要求事項の目的(b)を重視しているとしている。

報告企業が資産（負債）全体を移転し，その資産（負債）に関するエクスポージャーを一切留保しない場合，支配アプローチとリスク・経済価値アプローチとで同じ結果となり，認識の中止に関する要求事項の目的はいずれも明確である。

　これに対し，報告企業が資産（負債）の一部のみを移転するか，その資産（負債）の変動に対するエクスポージャーを多少とも留保する場合が，これまでIFRS基準の開発の現場において問題になってきた。このような場合，支配アプローチとリスク・経済価値アプローチとでは必ずしも同じ結果とはならず，認識の中止に関する要求事項の2つの目的が矛盾することがある。

　IASBは，2つの目的がそれぞれ妥当であることを理由に，「概念フレームワーク」において支配アプローチとリスク・経済価値アプローチのいずれを用いるべきかについて特定しないこととしている。

② 認識の中止に関する要求事項の目的を達成する方法

「概念フレームワーク」は，前述の認識の中止に関する要求事項の目的は，通常，次の方法により達成されるとしている（【**図表5-3**】参照）。

(a) 失効したか，消費，回収，充足または移転した資産（負債）（これを「移転した構成要素」という。）は認識を中止し，関連する収益・費用を認識する。

(b) 留保した資産（負債）（これを「留保した構成要素」という。）がある場合には，それらの認識を継続する。留保した構成要素は，移転した構成要素

図表5-3 部分的な認識の中止

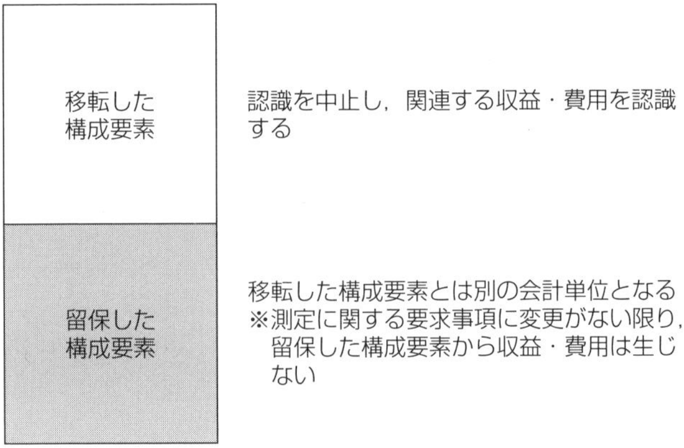

とは別の会計単位となる。したがって，移転した構成要素について認識を中止した結果，留保した構成要素に適用される測定に関する要求事項が変更されない限り，留保した構成要素に関して収益・費用を認識することはない。

(c) 認識の中止に関する要求事項の目的を達成するうえで必要と判断される場合に，次の 1 以上の手続を実施する。

> 留保した構成要素がある場合，財政状態計算書においてそれを別個に表示する。

> 移転した構成要素の認識を中止した結果，認識した収益・費用がある場合，財務業績の計算書においてそれを別個に表示する。

> 説明的な情報を提供する。

(3) 認識の中止に該当しない場合

「概念フレームワーク」は，一見，報告企業が資産（負債）を移転しているように見えるものの，その報告企業の資産（負債）であり続ける場合があり，次のような例を挙げている。

・ 一見，報告企業が資産を移転しているように見えるものの，その資産から生み出される経済的便益の金額の著しい有利（不利）な変動に対するエクスポージャーをその報告企業が引き続き有している場合，その報告企業が引き続き資産を支配していることがある。

・ 報告企業が資産を第三者に移転し，その第三者がその報告企業の代理人としてその資産を保有している場合，資産を移転した報告企業が引き続き，その資産を支配している。

このような場合，「概念フレームワーク」は，前述の認識の中止に関する要求事項の目的（本節(2)①参照）を達成しないため，一見，資産（負債）が移転しているように見えたとしても，資産（負債）の認識を中止することは適切ではないとしている。

(4) 認識の中止が適切ではない場合

① 認識の中止が適切ではない場合

「概念フレームワーク」は，報告企業がもはや移転した構成要素を有していない場合，その移転した構成要素の認識を中止することが，その事実を忠実に表現することになるものの，場合によっては，たとえ前述の追加的な手続（本節(2)②参照）を実施して補足したとしても，認識を中止することによって，取引またはその他の事象によって報告企業の資産（負債）がどれだけ変動したのかを忠実に表現しない可能性があるとしている。すなわち，移転した構成要素の認識を中止することによって，報告企業の財政状態が実際よりも著しく変動したことを示す可能性があるとし，次のような例を挙げている。

- 報告企業が資産を移転すると同時に，その資産を再取得する現在の権利または義務をもたらす別の取引を行う場合。そのような現在の権利または義務は，たとえば，先渡契約，売建プット・オプションまたは買建コール・オプションによって生じることがある。
- 報告企業がもはや支配していない，移転した構成要素によって生み出される経済的便益の金額の著しい有利（不利）な変動に対するエクスポージャーを留保している場合。

② 認識を継続した場合の取扱い

「概念フレームワーク」は，前述の追加的な手続（本節(2)②参照）によって補足したとしても，認識の中止に関する要求事項の目的（本節(2)①参照）が達成されない場合に，移転した構成要素の認識を継続することによって認識の中止に関する要求事項の目的が達成されることがあるとしている。認識を継続する場合の取扱いは次のようになるとしている。

(a) 取引その他の事象の結果として，留保した構成要素と移転した構成要素の両方について，収益も費用も認識しない。

(b) 資産（負債）の移転に伴い受け取った（支払った）現金は，借入（貸付）

として扱う。

(c)　報告企業がもはや移転した構成要素から生じる権利も義務も有していない
旨を描写するため，移転した構成要素を財政状態計算書において別個に表
示するか，説明的な情報を提供する。同様に，移転後に，移転した構成要
素から生じた収益・費用に関する情報を提供する必要があることがある。

(5)　契約の変更との関係

「概念フレームワーク」は，既存の権利（義務）を減らすかなくすかたちで
契約が変更される場合に，認識の中止が問題となることがあるとしている。
「概念フレームワーク」は，契約の変更についてどのように会計処理するのか
を決定するにあたり，契約を変更した後に留保している資産（負債）および契
約の変更によって報告企業の資産（負債）がどのように変化したのかについて
最も有用な情報を財務諸表の利用者に提供する会計単位を考慮することが必要
であるとしている。具体的には，次のように述べている（【図表 5 - 4】参照）。

(a)　契約の変更により既存の権利（義務）がなくなるだけである場合，それら
の権利（義務）について認識を中止すべきかどうかを検討する。

(b)　契約の変更により新しい権利（義務）が追加されるだけである場合，追加
された権利（義務）を別個の資産（負債）として扱うか，既存の権利（義
務）と同じ会計単位の一部として扱うかを決定する必要がある。

(c)　契約の変更により既存の権利（義務）がなくなると同時に新しい権利（義
務）が追加される場合，契約の変更による個別の影響と，組み合わせた影
響の両方を考慮する必要がある。場合によっては，古い資産（負債）を新
しい資産（負債）に実質的に置き換えられるほどに契約の内容が変更され
ることがある。そのような場合，報告企業は当初の資産（負債）の認識を
中止し，新しい資産（負債）を認識しなければならないことがある。

138

図表 5-4　契約の変更と認識の中止

[既存の権利（義務）がなくなるだけである場合]

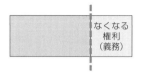

なくなる権利（義務）について認識を
中止すべきかどうかを検討する

[新しい権利（義務）が追加されるだけである場合]

追加された権利（義務）を別個の資産
（負債）として扱うか，既存の権利（義
務）と同じ会計単位の一部として扱う
かを決定する

[既存の権利（義務）がなくなると同時に新しい権利（義務）
　が追加される場合]

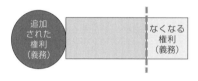

契約の変更による個別の影響と，
組み合わせた影響の両方を考慮する
→資産（負債）が実質的に置き換えられるほ
　どに契約の内容が変更される場合，当初の
　資産（負債）の認識を中止し，新しい資産
　（負債）を認識することがある

第**6**章
測　定

本章の概要

　「概念フレームワーク」の第6章は，測定を扱っている。
従前の概念フレームワークも測定を扱っているが，「概念
フレームワーク」では記述が大幅に増加している。

第1節　測定と測定基礎

(1)　測定の意義

「概念フレームワーク」は，財務諸表において認識される構成要素は，金額というかたちで定量化され，それには測定基礎の選択が要求されるとしている。また，資産（負債）に測定基礎を適用することにより，その資産（負債）および関連する収益・費用の測定値が生み出されるとしている。

2010年の概念フレームワークからの変更点

　2010年の概念フレームワークは，測定について，財政状態計算書と財務業績の計算書において認識され，計上されるべき財務諸表の構成要素の金額を決定するプロセスであると定義していた。また，このプロセスには，特定の基礎の選択が含まれるとしていた。

(2)　測定基礎

①　測定基礎の分類

「概念フレームワーク」は，測定基礎を大きく，歴史的原価と現在の価値（current value）に分類したうえで，現在の価値についてはさらに公正価値，使用価値と履行価値，および現在原価の3つに分けている（【図表6-1】参照）。

　なお，本書ではcurrent valueを「現在の価値」と訳している。これは，「現在価値」という訳語が，present valueの訳語として定着しているためである。

図表6-1　測定基礎の分類

	資　産	負　債
歴史的原価	資産を取得するかこれを創出する場合の**歴史的原価**は，その資産を取得または創出するにあたり発生したコストの価値であり，これにはその資産を取得または創出するために支払った対価と，取引コストが含まれる。	負債を発生させたか引き受けた場合の**歴史的原価**は，その負債の発生または引受けにあたり受け取った対価の価値から取引コストを差し引いたものである。
現在の価値（current value）	資産の**公正価値**とは，測定日において，市場参加者間の秩序ある取引において，資産を売った場合に得られるであろう価格である。	負債の**公正価値**とは，測定日において，市場参加者間の秩序ある取引において，負債を移転した場合に支払うであろう価格である。
	資産の**使用価値**とは，資産の利用およびその最終的な処分によって得られると報告企業が見込む，現金その他の経済的便益の現在価値（present value）である。	負債の**履行価値**とは，負債の履行にあたり移転しなければならないと報告企業が見込む，現金その他の経済的便益の現在価値（present value）である。
	資産の**現在原価**とは，測定日における同一の資産の原価であり，測定日において支払われるであろう対価に，その日に発生したであろう取引コストを加えたものである。	負債の**現在原価**とは，測定日において同一の負債について受け取ったであろう対価から，その日に発生したであろう取引コストを差し引いたものである。

2010年の概念フレームワークからの変更点

2010年の概念フレームワークは，4つの測定基礎について記述していた。

測定基礎	資産の記述	負債の記述
取得原価	資産は，それらを取得するために取得時に支払った現金もしくは現金同等物の金額または提供した対価の公正価値の金額で記録される。	負債は，債務との交換によって受け取った金額，またはある状況（たとえば，法人所得税）においては，通常の事業の過程において負債を決済するために支払うことが予想される現金または現金同等物の金額で記録される。
現在原価	資産は，同一または同等の資産を現時点で取得した場合に支払わなければならないであろう現金または現金同等物の金額で計上される。	負債は，債務を現時点で決済するために必要とされるであろう割引前の現金および現金同等物の金額で計上される。

実現可能（決済）価額	資産は，秩序ある処分により資産を売却することによって現時点で得られるであろう現金または現金同等物の金額で計上される。	負債は，それらの決済価値，すなわち，通常の事業の過程において負債を決済するために支払うことが予想される割引前の現金または現金同等物の金額で計上される。
現在価値	資産は，通常の事業の過程において生成されると見込まれる将来の正味キャッシュ・インフロー額の割引現在価値で計上される。	負債は，通常の事業の過程において負債を決済するために必要とされるであろう将来の正味キャッシュ・アウトフロー額の割引現在価値で計上される。

② 測定基礎の選択

「概念フレームワーク」は，どのような場合にどの測定基礎を用いるのかについては明確にせず，後述するように，測定基礎を説明したうえで，測定基礎の選択にあたり考慮すべき事項を説明するにとどめている。

「概念フレームワーク」を開発する過程で，一部の関係者から，IASBが提案する記述だけでは，IFRS基準において測定に関する要求事項を開発する際の十分なガイダンスを提供していないとの意見が寄せられた。これらの関係者は，次のいずれかを行うよう，IASBに提案した。

- 測定に関する追加リサーチが終了するまで，改訂版の「概念フレームワーク」を公表しない。
- 測定のセクションを含まない改訂版の「概念フレームワーク」を公表する。
- より完全な概念や原則が開発されるまで，測定に関する暫定的なガイダンスを開発する。

しかし，IASBはこれらの提案を採用しなかった。2010年の概念フレームワークには測定に関するガイダンスがほとんどなく，そのことが対処しなければならない大きな欠陥であると考えられたためである。IASBは，「概念フレームワーク」のガイダンスが，IFRS基準における測定に関する要求事項の開発にとって有用であるとしている。

また，「概念フレームワーク」を開発する過程で，IASBは，測定基礎の選択

にあたって考慮すべき事項に優先順位をつけるかどうかについても検討したものの，考慮すべき事項の相対的な重要性（importance）は事実と状況に依存するため，優先順位をつけることはできず，そうすることが望ましいことでもないと結論付けたとしている。

③ 「価値」との関係

「概念フレームワーク」は，測定の章における「価値」の用語は，資産（負債）の経済的価値（economic value）という一般的な意味で用いているとしている。すなわち，「価値」は，帳簿価額を意味しておらず，また，公正価値などの特定の現在の価値を意味していないとしている。「価値」は，たとえば，資産（負債）の経済的価値が，（たとえば，貨幣の時間価値などの要因により）将来の現金の授受額と異なる可能性があるというような場合に用いられるとしている。

Column（37）

入口価値と出口価値

「概念フレームワーク」を開発する過程で，IASBは，測定基礎を，入口価値を表すものと出口価値を表すものとに分類することを検討したものの，これを採用しなかったとしている。

ここで，入口価値とは，報告企業の事業活動に対するインプットのコストをいい，例としては歴史的原価や現在原価が挙げられる。また，出口価値とは，報告企業の事業活動のアウトプットのコストをいい，例としては公正価値，使用価値および履行価値が挙げられる。

IASBは，IFRS基準において，測定基礎を説明したり選択したりするうえで，この分類はそれほど有用ではないと考えた。同じ市場における入口価値と出口価値は，取引コスト（本章第4節参照）を除けば小さいことが多いためであるとしている。

(3) 質的特性と測定基礎の関係

「概念フレームワーク」は，有用な財務情報の質的特性とコストの制約（第

144

2章参照）を考慮した場合，資産，負債，収益および費用の種類によって選択される測定基礎が異なる可能性が高いとしている。この記述が，IASBがいわゆる混合属性モデル（Column(38)参照）を支持する論拠となっている。

Column(38)
単一属性モデルと混合属性モデル

単一属性モデルとは，一般に，すべての資産と負債について，単一の測定基礎を用いることを志向するモデルである。この単一の測定基礎が公正価値であれば，いわゆる「全面公正価値モデル」になる。

これに対し，混合属性モデルとは，一般に，すべての資産と負債について，単一の測定基礎を用いることを志向せず，状況に応じて複数の測定基礎から適切な測定基礎を選択することを志向するモデルである。

IASBは，「概念フレームワーク」を開発する過程で，単一属性モデルを採用するかどうかを検討したとしており，単一属性モデルの主な長所として，次の点を挙げている。
- 財務諸表に含まれる金額の加算・減算と比較が，より意味のあるものになる。
- 財務諸表が比較的複雑ではないために，理解可能性が高まる。

また，財務諸表の利用者の情報ニーズを満たす，富（wealth）または資本（capital）の概念をIASBが識別し，その概念の測定値を求めるために単一の測定基礎が必要となるものの，後述（第8章参照）するように，IASBは，資本（capital）と資本維持（capital maintenance）の概念を更新しないことを決定し，したがって富または資本（capital）の概念を識別しないこととしたとしている。

「概念フレームワーク」を開発する過程で，ほとんどの関係者が混合属性モデルを支持したものの，単一属性モデルを支持した関係者もいたとしている。単一属性モデルを支持した少数の者のほとんどは，少なくとも近い将来において，単一属性モデルは達成されないことを認めたものの，IASBがIFRS基準を開発するにあたってのデフォルトの測定基礎を決めるべきであると主張した。そのうえで，IASBがそのデフォルトの測定基礎以外の測定基礎を用いた場合には説明をすることを約束すべきであると主張した。

IASBは，状況が異なれば，最適な測定基礎は変わるものであり，したがってデフォルトの測定基礎を決めることはできないとしている。

⑷　IFRS基準における測定基礎の取扱い

「概念フレームワーク」は，IFRS基準において，選択された測定基礎をどのように適用するのかを説明する必要がある場合があるとしている。また，その説明には次のようなものが含まれるとしている。

- 特定の測定基礎を適用して測定値を見積るにあたり用いることが容認または要求される技法を特定すること
- 選好される測定基礎によって提供される情報と類似する情報が提供される可能性が高い，簡素化された測定のアプローチを特定すること
- 測定基礎を修正する方法（たとえば，負債の履行価値から自己の信用リスクの影響を除外する方法）を説明すること

第2節　歴史的原価

⑴　歴史的原価の意義

「概念フレームワーク」は，歴史的原価による測定値は，資産，負債および関連する収益・費用に関する貨幣的情報について，少なくとも部分的に，それらを生じさせた取引その他の事象の価格から導かれた情報を用いて提供するとしている。また，後述する現在の価値（本章第3節⑴①参照）とは異なり，歴史的原価は，資産が減損していることまたは負債が不利になることに関連する変動である場合を除き，価値の変動を反映しないとしている。

⑵　歴史的原価の定義

「概念フレームワーク」は，資産を取得するかこれを創出する場合の歴史的原価は，その資産を取得または創出するにあたり発生したコストの価値であり，これにはその資産を取得または創出するために支払った対価と，取引コストが含まれるとしている。

また,「概念フレームワーク」は,負債を発生させたか引き受けた場合の歴史的原価は,その負債の発生または引受けにあたり受け取った対価の価値から取引コストを差し引いたものであるとしている。

(3) 当初認識時に歴史的原価を使えない場合

「概念フレームワーク」は,市場条件での取引ではない事象の結果として,資産を取得または創出した場合,あるいは,負債を発生させたか引き受けた場合,コストを識別できなかったり,そのコストが資産(負債)について目的適合性のある情報を提供しなかったりすることがあるとしている。「概念フレームワーク」は,このような場合,資産(負債)の現在の価値(本章第3節参照)が当初認識時のみなし原価となり,そのみなし原価が歴史的原価による事後測定の出発点として用いられるとしている(本章第6節(6)参照)。

(4) 資産の歴史的原価の更新

① 歴史的原価を更新する状況

「概念フレームワーク」は,資産の歴史的原価は,次を描写するために更新されることがあるとしている。

- 資産を構成する経済的資源の一部または全部の消費(有形固定資産の減価償却または無形資産の償却)
- 資産の一部または全部を消滅させる現金の受領
- 資産の歴史的原価の一部または全部がもはや回収可能でなくなるような事象の影響(減損)
- 資産に財務要素がある場合にそれを反映するための利息の発生

② 有形固定資産の減価償却または無形資産の償却

「概念フレームワーク」は,資産の一部または全部の消費は,その消費した部分の認識の中止をもたらし,資産が歴史的原価により測定されている場合,認識の中止は有形固定資産の減価償却または無形資産の償却を通じて認識され

るとしている。

③　減　損

「概念フレームワーク」は，資産が減損している場合，当初認識時に算定した原価は，それを更新しない限り目的適合性のある情報を提供しない可能性が高いため，資産の歴史的原価は，その歴史的原価の一部がもはや回収可能ではないという事実を反映するように更新されるとしている。

(5)　負債の歴史的原価の更新

①　歴史的原価を更新する状況

「概念フレームワーク」は，負債の歴史的原価は，次を描写するために更新されることがあるとしている。

- （現金を支払ったり，財を移転したりすることによる）負債の一部または全部の履行
- 負債を履行するうえで必要な経済的資源を移転する義務の価値が，その負債が不利になる程度まで増加するような事象の影響
- 負債に財務要素がある場合にそれを反映するための利息の発生

②　履　行

「概念フレームワーク」は，負債の一部または全部の履行は，その履行した部分の認識の中止をもたらすとしている。

③　不利な契約

「概念フレームワーク」は，負債の歴史的原価が，負債を履行する義務を描写するうえでもはや十分ではない場合に，その負債は不利になっているとしている。負債が不利である場合，当初認識時に算定した原価は，それを更新しない限り目的適合性のある情報を提供しない可能性が高いため，負債の歴史的原価は，負債が不利となる変化，すなわち，負債の発生時または引受時に受け

取った対価が，もはやその負債を履行する義務を描写しなくなるような変化を反映するように更新されるとしている。

(6) 償却原価

「概念フレームワーク」は，歴史的原価の測定基礎を金融資産（金融負債）に適用する方法の1つとして，償却原価により測定する方法があるとしている。ここで，金融資産（金融負債）の償却原価は，将来キャッシュ・フローの見積りを当初認識時に決定した割引率で割り引いたものを反映するものであるとしている。また，変動金利の金融商品については，割引率は変動金利の変動を反映するように更新されるとしている。さらに，金融資産（金融負債）の償却原価は，利息の発生，金融資産の減損および現金の授受などの事後の変動を描写するために更新されるとしている。

「概念フレームワーク」は，金融資産（金融負債）の償却原価は，次のような特徴を有しているとしたうえで，歴史的原価の一種に分類している。

- 将来キャッシュ・フローの見積りについて，当初認識後に更新されない割引率で割り引いたものである（変動金利である場合を除く。）。
- 貸し付けた（借り入れた）ローンについて，利息を定期的に受け取る（支払う）ことになる場合，そのローンの償却原価は通常，当初に支払った（受け取った）金額に近いものとなる。
- ローンの帳簿価額は，減損している場合には，引き下げられることになる。

第3節　現在の価値

(1) 現在の価値の定義

「概念フレームワーク」は，現在の価値による測定値は，資産，負債および関連する収益・費用に関する貨幣的情報について，測定日における状況を反映するように更新された情報を用いて提供するとしている。また，この更新のた

めに，資産（負債）の現在の価値は，その現在の価値に反映されるキャッシュ・フローおよびその他の要因の見積りの，直前の測定日以降の変動を反映するとしている。さらに，歴史的原価（本章第2節(1)参照）とは異なり，資産（負債）の現在の価値は，部分的にも，それらを生じさせた取引その他の事象の価格から導かれていないとしている。

(2) 現在の価値の種類

「概念フレームワーク」は，現在の価値の測定基礎には次のものが含まれるとしている。

- 公正価値
- 資産の使用価値と負債の履行価値
- 現在原価

以下，それぞれの測定基礎についてみていくことにする。

(3) 公正価値

① 定 義

「概念フレームワーク」は，公正価値について，測定日において，市場参加者間の秩序ある取引において，資産を売った場合に得られるであろう価格，または，負債を移転した場合に支払うであろう価格であると定義している。

「概念フレームワーク」は，この定義がIFRS第13号「公正価値測定」の公正価値の定義と整合するものであるとしている。

② 市場参加者の視点

「概念フレームワーク」は，公正価値は市場参加者（すなわち，報告企業がアクセス可能な市場に参加する者）の視点を反映するものであるとしている。したがって，市場参加者が自己の経済的利益を最大化するように行動した場合に，資産（負債）の価格を決定するうえで用いるであろう仮定と同じ仮定を用いて，その資産（負債）を測定するとしている。

Column(39)

採用されなかった現在の価値の測定基礎

「概念フレームワーク」は，次の測定基礎は現在の価値の測定基礎とはしなかったとしている。

- **資産の剥奪価値と負債の免除価値**

　　資産の剥奪価値とは，測定している資産を報告企業から剥奪した場合にその報告企業に生じる損失をいう。同様に，負債の免除価値とは，測定している負債から報告企業を解放した場合にその報告企業が享受する便益をいう。IASBは，剥奪価値や免除価値は他の測定基礎に比べて複雑であり，また，使われている法域がわずかしかないことから，これらの測定基礎について「概念フレームワーク」で議論しないこととしたとしている。

- **正味実現可能価額**

　　正味実現可能価額とは，資産の売却による見積対価から，売却のための見積コストを控除した金額をいう。IASBは，現在原価は他の現在の測定値から導出されるため，別個の測定基礎とする必要はないと結論付けたとしている。

- **解放コスト**

　　解放コストとは，負債の相手方との交渉を通じて負債から解放されるための見積コスト（取引コストを含む。）をいう。IASBは，報告企業が負債から解放されることは，その負債を履行することと比べ相対的に珍しいことであるため，この測定基礎について言及する必要はないと結論付けたとしている。

③ 公正価値の算定方法

「概念フレームワーク」は，場合によっては，活発な市場における価格を観察することにより直接的に公正価値を算定することができるものの，測定技法を用いて間接的に公正価値を算定しなければならない場合もあるとしている。たとえば，キャッシュ・フローに基づく測定技法（本章第8節参照）では，次のすべての要因を反映することになるとしている。

(a) 将来キャッシュ・フローの見積り

(b) キャッシュ・フローに内在する不確実性によって生じる，測定の対象とな

る資産または負債に関する将来キャッシュ・フローの金額および時期の見積りの考えられる差異

(c) 貨幣の時間価値

(d) キャッシュ・フローに内在する不確実性を引き受けることに対する価格（リスク・プレミアムまたはリスク・ディスカウント）

(e) 市場参加者が考慮するであろう，その他の要因（流動性など）

　なお，「概念フレームワーク」は，上記(b)と(d)の要因には，取引の相手方が報告企業に対する負債を履行することに失敗する蓋然性（すなわち，信用リスク）と，報告企業がみずからの負債を履行することに失敗する蓋然性（すなわち，自己の信用リスク）が含まれるとしている。

④　公正価値と取引コスト

　「概念フレームワーク」は，公正価値が，部分的にも，それらを生じさせた取引その他の事象の価格から導かれていないため，資産を取得したときに発生した取引コストについて公正価値を増加させることはなく，負債を発生させたか引き受けたときに発生した取引コストについて公正価値を減少させることはないとしている。また，公正価値は，資産の最終的な処分時に発生するであろう取引コストや，負債の移転時または決済時に発生するであろう取引コストを反映しないとしている。

(4)　使用価値と履行価値

①　定　義

　「概念フレームワーク」は，資産の使用価値は，その資産の利用とその最終的な処分によって得られると報告企業が見込む，現金その他の経済的便益の現在価値（present value）であると定義している。

　また，「概念フレームワーク」は，負債の履行価値は，その負債の履行にあたり移転しなければならないと報告企業が見込む，現金その他の経済的便益の現在価値であると定義している。ここで，現金その他の経済的便益の金額には，

負債の相手方に移転しなければならない金額だけではなく，報告企業が負債を
履行できるようにするために他者に移転しなければならないと見込む金額も含
まれるとしている。

　「概念フレームワーク」は，使用価値と履行価値の定義は，「概念フレーム
ワーク」開発当時において最も明示的に企業固有の価値について言及していた
IFRS基準であるIAS第36号「資産の減損」の使用価値の定義から導出したも
のであるとしている。

②　企業固有の視点

　「概念フレームワーク」は，使用価値と履行価値は，公正価値のように市場
参加者の視点ではなく，企業固有の視点を反映するものであるとしている。た
だし，実務上，市場参加者が用いる仮定と報告企業自身が用いる仮定の差がほ
とんどない場合もあるとしている。

　また，「概念フレームワーク」は，使用価値と履行価値は直接的に観察する
ことができず，キャッシュ・フローに基づく測定技法を用いて算定されるとし
ている。キャッシュ・フローに基づく測定技法において考慮する要因は，公正
価値の算定における場合と同じ（本節(3)③参照）であるものの，公正価値が市
場参加者の視点を反映するのに対し，使用価値と履行価値は企業固有の視点を
反映するとしている。

③　キャッシュ・フローの不確実性

　「概念フレームワーク」は，前述のとおり，使用価値と履行価値は公正価値
と同じ要因を反映させるものの，市場参加者の仮定ではなく，報告企業自身の
仮定を用いることになるが，そのことは，キャッシュ・フローの不確実性を引
き受けることによる価格（すなわち，リスク・プレミアム）についても同様で
あるとしている。「概念フレームワーク」は，リスク・プレミアムを考慮する
ことは，異なる水準の不確実性にさらされている項目の間の経済的な差異を反
映することになるため，目的適合性のある情報を提供する可能性があるとして

いる。なお，リスク・プレミアムを反映させることは，IAS第36号における使用価値の説明においても示唆されているとしている。

④ 使用価値と履行価値と取引コスト

「概念フレームワーク」は，使用価値（履行価値）は将来キャッシュ・フローに基づくものであるため，資産の取得時（負債の引受時）に発生した取引コストは含まないとしている。ただし，使用価値（履行価値）は，資産の最終的な処分時（負債の履行時）に取引コストが発生すると報告企業が見込んでいる場合には，その現在価値（present value）を含むとしている。

⑤ 測定基礎としての使用価値

「概念フレームワーク」は，IFRS基準のなかには使用価値を測定に用いるものがあったが，その場合であっても使用価値は別個の測定基礎として位置付けられていなかったとしている。具体的には，使用価値は，歴史的原価により測定されているものの減損が疑われる資産についてその回収可能価額を算定するために用いられ，その回収可能価額に基づいて減損処理を行った場合に，資産の帳簿価額が使用価値に等しくなったにすぎないとしている。

これに対し，「概念フレームワーク」は，次の理由から使用価値を別個の測定基礎としている。

(a) 歴史的原価の回収可能な部分を算定するために使用価値が用いられているが，歴史的原価と使用価値は概念的に異なるものである。

(b) 状況によって，IASBは，公正価値ではなく，企業固有の現在の価値（すなわち，使用価値）により資産を測定することを要求する可能性がある。

(5) 現在原価

① 定　義

「概念フレームワーク」は，資産の現在原価とは，測定日における同一の資産の原価であり，測定日において支払われるであろう対価に，その日に発生したであろう取引コストを加えたものであると定義している。また，負債の現在原価は，測定日において同一の負債について受け取ったであろう対価から，その日に発生したであろう取引コストを差し引いたものであると定義している。

「概念フレームワーク」は，現在原価の定義は，学術的な文献における定義から導出したものであるとしている。

② 測定日における入口価値としての現在原価

「概念フレームワーク」は，現在原価は，歴史的原価と同様に，入口価値（Column(37)参照）であり，企業が資産を取得する（負債を発生させる）市場における価格を反映するとしている。したがって，現在原価は出口価値（Column(37)参照）である公正価値，使用価値および履行価値とは異なるとしている。

なお，「概念フレームワーク」は，現在原価は測定日における状況を反映するため，歴史的原価と異なるとしている。

③ 現在原価の算定方法

「概念フレームワーク」は，場合によっては，活発な市場における価格を観察することにより直接的に現在原価を算定することができず，他の手段により間接的に算定しなければならない場合があるとしている。たとえば，新しい資産についてのみ，価格が入手可能である場合には，中古の資産の現在原価は，新しい資産の現在の価格を修正し，報告企業が保有する資産の経過年数および状態を反映しなければならない可能性があるとしている。

④　IFRS基準における現在原価

「概念フレームワーク」は，現在原価はIFRS基準において幅広くは用いられていないものの，財務報告において現在原価を用いることを主張する学術文献が多数存在するため，測定基礎の1つに現在原価を含めたとしている。

第4節　取引コスト

(1)　取引コストが発生する状況

「概念フレームワーク」は，取引コストは次の状況において生じるとしている。

- 認識時（資産を取得したとき，または負債が発生したか負債を引き受けたとき）
- 認識の中止時（資産を売却もしくは処分したとき，または負債を決済もしくは移転したとき）

(2)　取引コストの定義

「概念フレームワーク」は，どのコストが取引コストに含まれるのかは「概念フレームワーク」の範囲を超えているものの，IFRS基準において，通常，取引コストは，取引価格以外のコストで，測定の対象となる特定の資産を取得または売却もしくは処分（特定の負債を発生または移転もしくは決済）していなければ発生していなかったであろう増分コストであると定義されているとしている。

(3)　認識時の取引コスト

「概念フレームワーク」は，認識時に生じる取引コストは，資産の取得（負債の発生）をもたらした取引の1つの側面であるため，次のように扱うことになるとしている。

156

- 歴史的原価および現在原価には取引コストを反映させる。取引コストは取引価格の一部ではないものの，報告企業はその取引コストを発生させることなしに資産を取得（負債を発生）させたりすることができないためである。

- 測定値が資産または負債の公正価値，履行価値または使用価値を描写することを意図している場合，測定値には取引コストを反映させない。取引コストが資産（負債）の現在の価値に影響しないためである。

(4) 認識の中止時の取引コスト

「概念フレームワーク」は，認識の中止時に生じる取引コストは，潜在的な将来の取引の1つの側面であるため，次のように扱うことになるとしている。

(a) 使用価値と履行価値には，報告企業が発生を見込んでいる取引コストを反映させる。

(b) 公正価値には取引コストを反映させない。

(c) 歴史的原価および現在原価は，入口価値（Column(37)参照）であり，資産の取得（負債の発生）によるコストを反映させるものであるため，資産の売却もしくは処分（負債の決済もしくは移転）によって生じる取引コストは反映させない。

第5節　特定の測定基礎が提供する情報

(1) 測定基礎が生み出す情報の性質

「概念フレームワーク」は，測定基礎の選択にあたり，測定基礎が生み出す情報の性質について，財政状態計算書と財務業績の計算書の両方について考慮することが重要であるとしている。【図表6-2】から【図表6-5】は測定基礎が生み出す情報の性質について要約している。本節の(2)以降は，これらの要約を補足する「概念フレームワーク」の記述を扱っている。

図表 6 - 2 測定基礎が生み出す情報の性質：資産―財政状態計算書

資産				
財政状態計算書				
	歴史的原価	公正価値	使用価値[a]	現在原価
帳簿価額	未消費または未回収かつ回収可能である限りにおいて，歴史的原価（取引コストを含む） （財務要素がある場合，発生した利息を含む）	資産を売却した場合に受け取るであろう価格（処分時の取引コストは差し引かない）	資産の使用と最終的な処分から生じる将来のキャッシュ・フローの現在価値（処分時の取引コストの現在価値を差し引く）	未消費または未回収かつ回収可能である限りにおいて，現在原価（取引コストを含む）

(a) この列は，測定基礎に使用価値を用いた場合に提供される情報を要約しているが，使用価値は定期的に再測定する測定基礎としては実務的ではない可能性がある。

図表 6 - 3 測定基礎が生み出す情報の性質：負債―財政状態計算書

負債				
財政状態計算書				
	歴史的原価	公正価値	履行価値	現在原価
帳簿価額	負債の未履行部分を引き受けたことに対して受け取った対価（取引コスト控除後）に，見積将来キャッシュ・アウトフローが受け取った対価を超過する場合の超過額を加えたもの （財務要素がある場合，発生した利息を含む）	負債の未履行部分を移転した場合に支払うであろう価格（移転時の取引コストは含めない）	負債の未履行部分を履行するうえで生じる将来キャッシュ・フローの現在価値（履行時または移転時に発生する取引コストの現在価値を含む）	負債の未履行部分を引き受けることに対して現時点で受け取るであろう対価（取引コスト控除後）に，見積将来キャッシュ・アウトフローがその対価を超過する場合の超過額を加えたもの

図表6-4 測定基礎が生み出す情報の性質：資産―財務業績の計算書

資産					
財務業績の計算書					
事象		歴史的原価	公正価値	使用価値[a]	現在原価
当初認識[b]	当初損益	−	支払った対価と取得した資産の公正価値の差額[c]	支払った対価と取得した資産の使用価値の差額[c]	−
	取引コスト	−	発生額	発生額	−
資産の売却または消費[d],[e]	費用	資産の歴史的原価	資産の公正価値	資産の使用価値	資産の現在原価
	収益	受け取った収益	受け取った収益	受け取った収益	受け取った収益
	取引コスト	売却時の発生額	売却時の発生額	−	売却時の発生額
	表示	総額も純額もあり得る	総額も純額もあり得る	総額も純額もあり得る	総額も純額もあり得る
利息収益		過去の金利による（変動金利の場合は更新）	公正価値の変動による収益・費用に反映される（別個に認識することも可能）	使用価値の変動による収益・費用に反映される（別個に認識することも可能）	現在の金利による
減損		歴史的原価がもはや回収可能でない場合に生じる	公正価値の変動による収益・費用に反映される（別個に認識することも可能）	使用価値の変動による収益・費用に反映される（別個に認識することも可能）	現在原価がもはや回収可能でない場合に生じる
価値の変動	資産一般	減損を反映する場合を除き，認識しない	公正価値の変動による収益・費用に反映される	使用価値の変動による収益・費用に反映される	価格の変動を反映した収益・費用（保有利得・保有損失）
	金融資産	見積キャッシュ・フローに変動による収益・費用を認識する			

(a) この列は，測定基礎に使用価値を用いた場合に提供される情報を要約しているが，使用価値は定期的に再測定する測定基礎としては実務的ではない可能性がある。
(b) 市場条件以外で取得した資産の当初認識において収益または費用が生じることがある。
(c) 資産を取得した市場が，資産の公正価値の測定時の価格の情報源として用いた市場が異なる場合，収益または費用が生じることがある。
(d) 資産の消費は通常，売上原価，有形固定資産の減価償却費または無形資産の償却費を通じて報告される。
(e) 受け取った収益は受け取った対価に等しいことが多いが，関連する負債に用いた測定基礎によることになる。

図表6-5 測定基礎が生み出す情報の性質：負債—財務業績の計算書

負債

財務業績の計算書

事象		歴史的原価	公正価値	履行価値	現在原価
当初認識[a]	当初損益	－	受け取った対価と負債の公正価値の差額[b]	受け取った対価と負債の履行価値の差額	－
	取引コスト	－	発生額	発生額	－
負債の履行	収益	負債の歴史的原価（過去の対価を反映）	負債の公正価値	負債の履行価値	負債の現在原価（現在の対価を反映）
	費用	履行時の発生コスト	履行時の発生コスト	履行時の発生コスト	履行時の発生コスト
	表示	総額も純額もあり得る	総額も純額もあり得る（総額の場合，過去の対価を別個に表示することも可能）	総額も純額もあり得る（総額の場合，過去の対価を別個に表示することも可能）	総額も純額もあり得る（総額の場合，過去の対価を別個に表示することも可能）
負債の移転	収益	負債の歴史的原価（過去の対価を反映）	負債の公正価値	負債の履行価値	負債の現在原価（現在の対価を反映）
	費用	支払ったコスト（取引コストを含む）	支払ったコスト（取引コストを含む）	支払ったコスト（取引コストを含む）	支払ったコスト（取引コストを含む）
	表示	総額も純額もあり得る	総額も純額もあり得る	総額も純額もあり得る	総額も純額もあり得る
利息費用		過去の金利による（変動金利の場合は更新）	公正価値の変動による収益・費用に反映される（別個に認識することも可能）	履行価値の変動による収益・費用に反映される（別個に認識することも可能）	現在の金利による
負債が不利となるような事象の影響		負債の歴史的原価に対する見積キャッシュ・フローの超過額，または事後のその超過額の変動を費用として認識する	公正価値の変動による収益・費用に反映される（別個に認識することも可能）	履行価値の変動による収益・費用に反映される（別個に認識することも可能）	負債の現在原価に対する見積キャッシュ・フローの超過額，または事後のその超過額の変動を費用として認識する
価値の変動	負債一般	負債が不利である場合を除き，認識しない	公正価値の変動による収益・費用に反映される	使用価値の変動による収益・費用に反映される	価格の変動を反映した収益・費用（保有利得・保有損失）
	金融負債	見積キャッシュ・フローに変動による収益・費用を認識する			

(a) 市場条件以外で発生させたか引き受けた負債の当初認識において収益または費用が生じることがある。

(b) 負債を発生させたか引き受けた市場が，負債の公正価値の測定時の価格の情報源として用いた市場が異なる場合，収益または費用が生じることがある。

(2)　歴史的原価

①　歴史的原価の有用性

「概念フレームワーク」は，資産（負債）を歴史的原価で測定することは，財務諸表の利用者にとって有用な情報を提供する可能性があるとしている。歴史的原価は，少なくとも部分的に，それらを生じさせた取引その他の事象の価格から導かれた情報を用いているためである。

②　資産の歴史的原価

「概念フレームワーク」は，報告企業が最近の取引において市場条件で資産を取得する場合，その報告企業は，通常，少なくともその資産の原価を回収できるよう，その資産が十分に経済的便益をもたらすことを見込んでいるとしている。このような場合，資産を歴史的原価で測定することは，その資産と，その資産を生じさせた取引の価格に関する目的適合性のある情報を提供するとしている。また，「概念フレームワーク」は，資産の歴史的原価は，その資産の消費とその減損を反映するように減額されるため，歴史的原価により測定される資産から回収することが見込まれる金額は，少なくともその帳簿価額になるとしている。

「概念フレームワーク」は，金融資産以外の資産が歴史的原価により測定される場合，資産の一部または全部の消費または売却により，その消費または売却された資産の一部または全部の歴史的原価により測定される費用が生じるとしている。

「概念フレームワーク」は，資産の売却により生じる費用は，その売却による対価を収益として認識するのと同時に認識するとしている。ここで，収益と費用の差額はその売却から生じたマージンであるとしている。また，資産の消費から生じる費用は，関連する収益と比較できるようにすることにより，マージンに関する情報を提供するとしている。

③　負債の歴史的原価

「概念フレームワーク」は，報告企業が最近の取引において市場条件で負債
を発生させたか引き受けた場合，その報告企業は，通常，負債を履行するため
に必要となる経済的資源を移転する義務の価値は，受け取った対価から取引コ
ストを差し引いた金額を上回ることはないことを見込んでいるとしている。こ
のような場合，負債を歴史的原価で測定することは，その負債と，その負債を
生じさせた取引の価格に関する目的適合性のある情報を提供するとしている。
また，「概念フレームワーク」は，負債の歴史的原価は，負債が不利になった
場合に増額されるため，その負債を履行するために必要となる経済的資源を移
転する義務の価値は，負債の帳簿価額を上回ることがないとしている。

「概念フレームワーク」は，対価と交換に発生させたか引き受けた，金融負
債以外の負債が歴史的原価により測定される場合，負債の一部または全部の履
行により，その履行された部分について受け取った対価の価値により測定され
る収益が生じるとしている。また，その収益と負債の履行時に発生した費用の
差額は，履行によるマージンであるとしている。

④　歴史的原価の目的適合性

「概念フレームワーク」は，売却または消費した資産（ただちに消費された
財とサービスを含む。）の原価に関する情報や，受け取った対価に関する情報
には，予測価値（第2章第3節(2)②参照）がある可能性があるとしている。す
なわち，そのような情報は，将来の財（報告企業が現時点で保有していない財
を含む。）またはサービスの販売による将来のマージンを予測するうえでのイ
ンプットとして使うことが可能であり，したがって報告企業の将来の正味
キャッシュ・インフローに関する見通しを評価するために使うことが可能であ
るとしている。「概念フレームワーク」は，報告企業の将来キャッシュ・フ
ローに関する見通しを評価するにあたり，財務諸表の利用者は，すでに保有し
ている財から生み出されるマージンの見通しだけではなく，多くの期間にわた
り生み出されるマージンの見通しに焦点を当てることが多いとしている。

　また，「概念フレームワーク」は，歴史的原価により測定された収益・費用は，確認価値（第2章第3節(2)③参照）がある可能性があるとしている。過去のキャッシュ・フローまたはマージンに関する予測について，財務諸表の利用者に対してフィードバックを提供する可能性があるためである。

　さらに，「概念フレームワーク」は，売却または消費した資産の原価に関する情報は，報告企業の経営者がその報告企業の経済的資源を使用する責任をどれだけ効率的かつ効果的に果たしたかを評価するうえで有用である可能性があるとしている。

　「概念フレームワーク」は，償却原価により測定された資産について稼得した利息，および償却原価により測定された負債について発生した利息も，同様の理由により，予測価値と確認価値がある可能性があるとしている。

(3) 公正価値

① 公正価値の目的適合性

「概念フレームワーク」は，公正価値により資産（負債）を測定することによって提供される情報は，予測価値（第2章第3節(2)②参照）がある可能性があるとしている。公正価値が，将来キャッシュ・フローに関する，金額，時期および不確実性に関する市場関係者による現時点での予想を反映するためである。なお，「概念フレームワーク」は，これらの予想は，市場参加者のリスク選好を反映するかたちで価格が決定されるとしている。

　また，「概念フレームワーク」は，過去の予想に対するフィードバックを提供することにより，確認価値（第2章第3節(2)③参照）がある可能性があるとしている。

② 公正価値の変動の目的適合性

「概念フレームワーク」は，市場参加者の現時点での予想を反映した収益・費用には，一定の予測価値がある可能性があるとしている。そのような収益・費用は，将来の収益・費用を予測するうえでのインプットとして用いることが

できるためである。

　また,「概念フレームワーク」は,そのような収益・費用は,報告企業の経営者がその報告企業の経済的資源を使用する責任をどれだけ効率的かつ効果的に果たしたかを評価するうえで有用である可能性があるとしている。

③　公正価値の変動の分解

　前述（本章第3節(3)③）のとおり,「概念フレームワーク」は,資産（負債）の公正価値の変動は,さまざまな要因により発生するとしている。「概念フレームワーク」は,それらの要因が異なる特徴を有している場合には,それらの要因により生じた収益・費用を別個に識別することが財務諸表の利用者に有用な情報を提供することがあるとしている。

④　取引が発生する市場

　「概念フレームワーク」は,報告企業が資産をある市場で取得し,別の市場（報告企業がその資産を売却する予定の市場）における価格を用いて公正価値を算定する場合,これらの2つの市場における価格の差は,当初,公正価値を算定したときに収益として認識するとしている。

　また,「概念フレームワーク」は,資産の売却（負債の移転）が,公正価値を測定したときに用いた価格の情報源となった市場において発生した場合,その取引は通常,公正価値に類似する価格の対価と交換に行われるとしている。このような場合,資産（負債）が公正価値により測定されている場合,取引コストの影響が大きい場合を除き,売却時（移転時）の正味の収益または正味の費用は通常,小さくなるとしている。

(4)　使用価値と履行価値

①　使用価値の目的適合性

　前述（本章第3節(4)①参照）のとおり,「概念フレームワーク」は,使用価値は,資産の使用およびその最終的な処分から生じる見積キャッシュ・フロー

の現在価値に関する情報を提供するとしている。また，この情報は，報告企業の将来の正味キャッシュ・インフローの見通しを評価するために用いることができるため，予測価値（第2章第3節(2)②参照）があるとしている。

さらに，「概念フレームワーク」は，更新された使用価値に関する見積りは，将来キャッシュ・フローの金額，時期および不確実性に関する見積りと組み合わせた場合，確認価値（第2章第3節(2)③参照）がある可能性があるとしている。過去の使用価値に関する見積りに対するフィードバックを提供するためである。

② 履行価値の目的適合性

前述（本章第3節(4)①参照）のとおり，「概念フレームワーク」は，履行価値は負債を履行するうえで必要な見積キャッシュ・フローの現在価値に関する情報を提供するとしている。また，履行価値は，負債が移転されたり，交渉により決済されたりせずに，履行された場合に特に，予測価値（第2章第3節(2)②参照）があるとしている。

さらに，「概念フレームワーク」は，更新された履行価値に関する見積りは，将来キャッシュ・フローの金額，時期および不確実性に関する見積りと組み合わせた場合，確認価値（第2章第3節(2)③参照）がある可能性があるとしている。過去の履行価値に関する見積りに対するフィードバックを提供するためである。

(5) 現在原価

① 現在原価の目的適合性

「概念フレームワーク」は，現在原価により測定された資産（負債）に関する情報には目的適合性がある可能性があるとしている。前述（本章第3節(5)①参照）のとおり，現在原価は，測定日において，同一の資産を取得または創出するための原価（同一の負債を発生させるか引き受けるために受け取るであろう対価）を反映するためである。

　「概念フレームワーク」は，現在原価は，歴史的原価と同様に，消費した資産の原価（負債の履行による収益）に関する情報を提供し，この情報は，現時点でのマージンを導出するために用いることができ，したがって将来のマージンを予測するうえでのインプットとして用いることができるとしている。しかし，現在原価は，歴史的原価とは異なり，消費時（履行時）の価格を反映するため，価格の変動が著しい場合には，現在原価に基づくマージンの方が，歴史的原価に基づくマージンよりも，将来のマージンを予測するうえで有用である可能性があるとしている。

②　現在原価の変動の分解

　「概念フレームワーク」は，資産を消費したことによる現在原価（負債を履行したことによる現在収益（current income））を報告するうえで，報告期間中の帳簿価額の変動を，資産を消費したことによる現在原価（負債を履行したことによる現在収益）と，価格の変動の影響に分解する必要があるとしている。後者については，「保有利得」または「保有損失」と呼ばれることがあるとしている。

第6節　測定基礎を選択するうえで考慮すべき要因

(1)　測定基礎と計算書の関係

　「概念フレームワーク」は，資産（負債）および関連する収益・費用の測定基礎を選択するにあたり，その測定基礎が，財政状態計算書と財務業績の計算書の両方において生み出す情報の性質だけではなく，他の要因も考慮する必要があるとしている。また，ほとんどの場合，どの測定基礎を選択すべきかを単一の要因が決定することはなく，それぞれの要因の相対的な重要性は事実と状況に依存するとしている。

　「概念フレームワーク」を開発する過程で，財務諸表の利用者にとって，財

務業績の計算書の方が財政状態計算書よりも有用であるため，特定の測定値が財務業績の計算書に与える影響をより重視すべきであるとの意見が関係者から寄せられた。しかし，IASBは，財政状態計算書と財務業績の計算書における相対的な重要性は，利用者が分析を行う際にこれらの計算書に含まれる情報をどのように用いるかに依存し，したがって，事実と状況に依存するため，この意見は採用しなかったとしている。

なお，IASBは，財政状態計算書に与える影響をより重視するという立場もとっていない（Column(6)参照）。

(2)　測定基礎と財務情報の質的特性

「概念フレームワーク」は，測定基礎によって提供される情報は，財務諸表の利用者にとって有用なものでなくてはならず，そのような情報は，他の財務情報と同様に，目的適合性があり，表現しようとする対象を忠実に表現しなければならないとしている。また，その情報は，可能な限り，比較可能性，検証可能性，適時性および理解可能性といった性質を有しているべきであるとしている。

(3)　目的適合性

①　目的適合性に影響を与える要因

「概念フレームワーク」は，資産（負債）および関連する収益・費用について，測定基礎によって提供される情報の目的適合性は，次の要因の影響を受けるとしている。

- その資産（負債）の特性
- その資産（負債）がどのように将来キャッシュ・フローに貢献するか
  以下，それぞれの要因について詳細にみていくことにする。

②　資産または負債の特性

「概念フレームワーク」は，測定基礎によって提供される情報の目的適合性

は，部分的に，その資産（負債）の特性に依存するとしている。具体的には，その資産（負債）のキャッシュ・フローの変動性と，その資産（負債）の価値が市場要因その他のリスクに敏感に反応するかどうかに依存するとしている。

　「概念フレームワーク」は，ある資産（負債）の価値が，市場要因その他のリスクに敏感に反応する場合，その資産（負債）の歴史的原価は現在の価値と著しく異なっていることがあり，財務諸表の利用者にとって価値の変動に関する情報が重要である場合には，歴史的原価は有用な情報を提供しないことがあるとしている。たとえば，金融資産（金融負債）がデリバティブである場合，その償却原価は目的適合性のある情報を提供することができないとしている。

　また，「概念フレームワーク」は，歴史的原価が用いられる場合，価値の変動はその価値が変動したときには報告されず，処分，減損または履行といった事象が発生したときに報告されることになるが，認識された収益・費用は，その資産（負債）を保有していた期間を通じて生じたものであるにもかかわらず，その全額が，認識された一時点に生じたものであることを示唆していると誤って解釈されるおそれがあるとしている。また，歴史的原価による測定は，価値の変動について適時に情報を提供しないため，報告期間中に資産（負債）を保有したことのリスクに対する報告企業のエクスポージャーの影響を完全に描写せず，歴史的原価に基づいて報告される収益・費用は予測価値（第 2 章第 3 節⑵②参照）と確認価値（第 2 章第 3 節⑵③参照）を欠くことがあるとしている。

　一方，「概念フレームワーク」は，資産（負債）の公正価値の変動は市場参加者の予想の変動および市場参加者のリスク選好の変動を反映するものであるが，測定される資産（負債）の特性および報告企業の事業活動の性質によっては，そのような公正価値の変動を反映することが，必ずしも財務諸表の利用者にとって予測価値または確認価値を提供しないとしている。報告企業の事業活動が資産の売却（負債の移転）を伴わない場合がこれにあたるとし，次のような例を挙げている。

- 報告企業がみずから使用するためだけに資産を保有する場合
- 報告企業が契約上のキャッシュ・フローを回収するためだけに資産を保有

する場合
- 報告企業がみずから負債を履行する予定である場合

③ 将来キャッシュ・フローと報告企業が遂行する事業活動

　前述（第1章第3節(1)②参照）のとおり，「概念フレームワーク」は，経済的資源には，キャッシュ・フローを直接的に生み出すものもあれば，他の経済的資源と組み合わせてキャッシュ・フローを間接的に生み出すものがあるとしている。「概念フレームワーク」は，どのように経済的資源が使用され，したがって，どのように資産（負債）がキャッシュ・フローを生み出すのかは，部分的に，報告企業が遂行する事業活動の性質に依存するとしている。

　たとえば，報告企業が遂行する事業活動によっては，同一の資産が棚卸資産として販売されることもあれば，他の企業に貸し出されることもあれば，報告企業の事業活動において用いられることもある。「概念フレームワーク」は，異なるかたちでキャッシュ・フローに寄与する資産（負債）を同じ方法で測定することは，異なるものを同じように見えるようにしていることにより，比較可能性を損なうことがある（第2章第6節(3)参照）としている。

　「概念フレームワーク」は，測定基礎の選択にあたり報告企業が遂行する事業活動の性質を考慮することとした場合，主観性についての懸念が一部の関係者から聞かれたものの，多くの関係者がこの考えを支持したとしている。また，多くの場合，報告企業が遂行する事業活動の性質は，事実に基づくものであり，意見や経営者の意図に基づくものではないとしている。

④ 間接的な将来キャッシュ・フローと測定基礎

　「概念フレームワーク」は，報告企業が遂行する事業活動が，間接的にキャッシュ・フローを生み出す複数の経済的資源を組み合わせて用いるものである場合，歴史的原価または現在原価がその事業活動に関する目的適合性のある情報を提供する可能性が高いとしている。たとえば，有形固定資産は通常，報告企業の他の経済的資源と組み合わせて用いられるものであり，棚卸資産も通常，

報告企業の他の経済的資源を幅広く用いずには顧客に販売することができないとしている。

⑤ 直接的な将来キャッシュ・フローと測定基礎

「概念フレームワーク」は，資産が経済的なペナルティなしに（たとえば，著しい事業の中断なしに）独立に売却可能であるなど，資産（負債）が直接的にキャッシュ・フローを生み出すものである場合，最も目的適合性のある情報を提供する可能性のある測定基礎は，将来キャッシュ・フローの金額，時期および不確実性に関する現時点での見積りを織り込んだ現在の価値のいずれかであるとしている。

⑥ 契約上のキャッシュ・フローと測定基礎

「概念フレームワーク」は，報告企業の事業活動が，契約上のキャッシュ・フローを回収することを目的として金融資産と金融負債を管理することである場合，償却原価が，資産について稼得した利息と負債について発生した利息の間のマージンを算出するための目的適合性のある情報を提供することがあるとしている。ただし，償却原価が有用な情報を提供するかどうかを評価するうえで，金融資産（金融負債）の特性を考慮することも必要であり，キャッシュ・フローが元本および利息以外の要因に依存する場合には償却原価は目的適合性のある情報を提供しない可能性が高いとしている。

(4) 忠実な表現

① 会計上のミスマッチの回避

「概念フレームワーク」は，資産と負債が何らかのかたちで関連している場合に，これらの資産と負債について異なる測定基礎を用いることで測定の不整合（いわゆる「会計上のミスマッチ」）が生じる可能性があり，財務諸表にそのような測定の不整合が含まれる場合には，財務諸表は報告企業の財政状態と財務業績を忠実に表現しない可能性があるとしている。

170

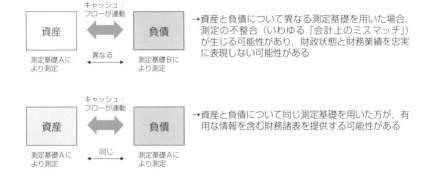

図表6-6 会計上のミスマッチの回避

したがって,「概念フレームワーク」は,状況によっては,関連する資産と負債について同じ測定基礎を用いる方が,異なる測定基礎を用いるよりも有用な情報を含む財務諸表を提供する可能性があるとしている。具体例として,ある資産（負債）から生じるキャッシュ・フローが他の資産（負債）から生じるキャッシュ・フローと直接的に連動している場合を挙げている（【図表6-6】参照）。

②　測定の不確実性と忠実な表現

「概念フレームワーク」は,活発な市場における価格を観察することにより直接測定することができず,見積らなければならない場合には,測定の不確実性が生じるとし,特定の測定基礎を用いることによる測定の不確実性の程度は,その測定基礎によって提供される情報が報告企業の財政状態と財務業績の忠実な表現をもたらすかどうかに影響を与えることがあるとしている。

また,「概念フレームワーク」は,ある測定基礎を用いることによる測定の不確実性の程度が高いからといって,その測定基礎を用いて目的適合性のある情報を提供することができないとは限らないとしている。一方で,ある測定基礎を用いることによる測定の不確実性があまりにも高い場合には,その測定基礎を用いることによって十分に忠実な表現がもたらされない可能性があり（第

2章第5節参照），その場合には，目的適合性のある情報をもたらす他の測定
基礎を選択することを検討することが適切であるとしている。

　なお，「概念フレームワーク」は，測定の不確実性は，次のように，結果の
不確実性や存在の不確実性とは異なるものであるとしている。

⒜　結果の不確実性は，資産（負債）から生じる経済的便益の流入（流出）の
　　金額または時期について不確実性が存在する場合に生じるものである。

⒝　存在の不確実性は，資産（負債）が存在するかどうかが不確実である場合
　　に生じるものである。

　「概念フレームワーク」は，結果の不確実性または存在の不確実性が存在す
ることが，測定の不確実性に影響する場合があるものの，結果の不確実性また
は存在の不確実性が存在することが，必ずしも測定の不確実性をもたらさない
としている。たとえば，活発な市場における価格を観察することにより直接資
産の公正価値を測定できる場合，その資産が最終的にどれだけの現金を生成す
るかについては不確実であり，したがって結果の不確実性が存在するが，この
とき，公正価値の測定について測定の不確実性は存在しないとしている。

⑸　補強的な質的特性とコストの制約

①　測定基礎の選択に影響する補強的な質的特性

　「概念フレームワーク」は，補強的な質的特性である比較可能性（第2章第
6節参照），理解可能性（第2章第9節参照）および検証可能性（第2章第7
節参照）と，コストの制約（第2章第11節参照）は，測定基礎の選択に影響す
るとしている。一方，補強的質的な質的特性である適時性（第2章第8節参
照）は，測定においては影響しないとしている。

②　コストの制約と測定基礎の選択

　「概念フレームワーク」は，コストが他の財務報告に関する意思決定を制約
するのと同様に，測定基礎の選択に関する意思決定も制約するとしている。す
なわち，測定基礎を選択するうえで，その測定基礎によって財務諸表の利用者

に提供される情報の便益が，その情報を提供し，利用するコストを正当化する可能性が高いかどうかを考慮することが重要であるとしている。

③　比較可能性と測定基礎の選択

「概念フレームワーク」は，同一の項目について同一の測定基礎を首尾一貫して用いることは，それが同一の報告企業における異なる期間の間であっても，同一の期間における異なる報告企業の間であっても，財務諸表の比較可能性を高める可能性があるとしている。

④　理解可能性と測定基礎の選択

「概念フレームワーク」は，測定基礎を変更することは，財務諸表の理解可能性を減少させる可能性があるとしている。しかし，理解可能性の減少を上回る他の要素が存在する場合，たとえば，測定基礎を変更することにより，目的適合性がより高い情報がもたらされる場合には，測定基礎の変更が正当化されるとしている。なお，測定基礎が変更された場合には，財務諸表の利用者は，その変更の影響を理解できるような説明的な情報が必要となる可能性があるとしている。

　また，「概念フレームワーク」は，理解可能性は，測定基礎の種類がどれだけ多く使われ，また，それらが時の経過とともに変更されるかどうかにも依存するとしている。一般に，財務諸表において多くの測定基礎が用いられている場合，その結果としてもたらされる情報はより複雑になり，したがって，理解可能性が減少し，財務諸表に示される小計や合計の情報価値が減少するとしている。しかし，有用な情報を提供するうえで必要な場合，複数の測定基礎を用いることが適切であるとしている。

⑤　検証可能性と測定基礎の選択

「概念フレームワーク」は，直接的または間接的に独立に裏付けられる測定値をもたらす測定基礎を用いることにより，検証可能性は向上するとしている。

また，測定価値が検証できない場合，財務諸表の利用者は，その測定値をどのように決定したのかを理解することができるように，説明的な情報を必要とする可能性があり，場合によっては，他の測定基礎を用いることを要求しなければならない可能性があるとしている。

⑥　歴史的原価と補強的な質的特性およびコストの制約の関係

「概念フレームワーク」は，多くの場合，現在の価値を測定するよりも歴史的原価を測定する方が簡単であり，コストがかからないとしている。また，歴史的原価に基づく測定値は一般的によく理解されており，多くの場合，検証可能であるとしている。

しかし，「概念フレームワーク」は，減損損失や不利な負債の識別とその測定は主観的になることがあるため，資産（負債）の歴史的原価は，現在の原価と同じくらい測定または検証が困難になる場合があるとしている。

さらに，「概念フレームワーク」は，歴史的原価を測定基礎とした場合，異なる時点で取得した同一の資産（引き受けた同一の負債）が，財務諸表において異なる金額で報告されることがあり，そのことが同一の報告企業における異なる期間の間の比較可能性や同一の期間における異なる報告企業の間の比較可能性を損なうことがあるとしている。

⑦　現在の価値と比較可能性の関係

「概念フレームワーク」は，公正価値が市場参加者の視点で決定され，資産を取得した時点（負債を引き受けた時点）と独立しているため，公正価値により測定される同一の資産（負債）は，原則として，同じ市場にアクセスすることができる企業間で同じ金額により測定されるとしている。また，このことにより，同一の報告企業における異なる期間の間の比較可能性や同一の期間における異なる報告企業の間の比較可能性を向上させることができるとしている。

「概念フレームワーク」は，使用価値と履行価値は企業固有の視点を反映するため，同一の資産または負債に関するこれらの測定値は，報告企業の間で異

なる可能性があるとしている。また，このような差異は，特にその資産（負債）が同じような形でキャッシュ・フローに寄与する場合，比較可能性を損なうことがあるとしている。

⑧　現在の価値とコストの関係

「概念フレームワーク」は，資産（負債）の公正価値が活発な市場における価格を直接観察することにより決定できる場合には，公正価値測定のプロセスのコストは低く，簡単で理解が容易であるだけでなく，直接観察することにより検証も容易であるとしている。

一方，「概念フレームワーク」は，活発な市場における価格を直接観察できない場合，資産（負債）の公正価値を見積るために，キャッシュ・フローに基づく測定技法を含む価値算定技法が必要となることがあるとしている。また，この価値算定技法は，資産の使用価値（負債の履行価値）を決定するときには通常，必要となるとしている。

「概念フレームワーク」は，価値算定技法によっては，次のことがあるとしている。

⒜　価値算定に用いるインプットの見積りと価値算定技法の適用が複雑で，コストがかかる可能性がある。

⒝　価値算定プロセスへのインプットが主観的である可能性があり，インプットと価値算定プロセスそのものの妥当性を検証することが困難である可能性がある。この結果，同一の資産（負債）の測定値が異なることがあり，比較可能性が損なわれる。

「概念フレームワーク」は，使用価値について，他の資産と組み合わせて用いられる資産について，意味のあるかたちで個別の価値を算定できないことが多く，その代わりに，使用価値を資産のグループについて算定し，その結果を個別の資産に配分しなければならない可能性があるが，そのプロセスは主観的で恣意的なものとなることがあるとしている。また，資産の使用価値の見積りは，意図せずしてグループに含まれる他の資産とのシナジーの影響を反映する

可能性があるとしている。したがって,「概念フレームワーク」は,他の資産
と組み合わせて用いられる個別の資産の使用価値を算定するプロセスはコスト
がかかり,その複雑性と主観性により検証可能性が損なわれるとしている。

　以上の理由から,「概念フレームワーク」は,使用価値は,他の資産と組み
合わせて用いられる個別の資産の定期的な再測定を行うための実務的な測定基
礎とはならない可能性があるとしている。しかし,歴史的原価が完全に回収可
能かどうかを判断するための減損テストにおいて用いる場合など,時折行われ
る再測定において有用である可能性があるとしている。

　「概念フレームワーク」は,現在原価を測定基礎として用いた場合,同一の
取得した資産(引き受けた負債)は,異なる時点で取得した(引き受けた)場
合であっても,財務諸表において同じ金額で報告され,このことは,同一の報
告企業における異なる期間の間の比較可能性および同一の期間における異なる
報告企業の間の比較可能性を向上させることがあるとしている。一方,現在原
価は,複雑であり,主観的であり,コストがかかることがあるとしている。た
とえば,報告企業が保有する資産の現在原価の見積りにあたり,新品の資産の
現在の価格を,その資産の年齢および状態について調整しなければならない可
能性があるとしている。また,技術や商慣行が変化するため,多くの資産は同
一のものと置き換えられず,既存の資産と同じ資産の現在原価の見積りにあた
り,新品の資産の現在の価格の調整はさらに主観的になるとしている。さらに,
現在原価による帳簿価額の変動について,現在原価の消費部分と現在原価の価
格変動部分とに分けることは,複雑であり,恣意的な仮定が要求される可能性
があるとしている。

　これらの理由から,「概念フレームワーク」は,現在原価による測定値は検
証可能性および理解可能性を欠く可能性があるとしている。

(6)　当初測定に固有の要因

　「概念フレームワーク」は,当初認識時において,市場条件での取引の結果
として取得した資産(引き受けた負債)の歴史的原価は,取引コストが重大で

なければ，通常，公正価値に類似したものとなるが，たとえ歴史的原価と公正価値が類似していたとしても，当初認識時に用いた測定基礎を説明することが必要であるとしている。事後的に歴史的原価を用いる場合，通常，当初認識時も歴史的原価が適切である一方で，事後的に現在の価値を用いる場合，通常，当初認識時も現在の価値が適切である。「概念フレームワーク」は，当初認識時と事後測定において同じ測定基礎を用いることにより，初めて再測定を行ったときに測定基礎が変更されたことにより収益・費用を認識することを回避することができるとしている（【図表6-7】参照）。

「概念フレームワーク」は，報告企業が，市場条件での取引の結果として資産（負債）を移転することと交換に，資産を取得する（負債を引き受ける）場合，取得した資産（引き受けた負債）の当初測定値が，その取引から収益・費用が生じるかどうかを決定するとしている。その資産（負債）を原価により測定するとき，次の場合を除き，当初認識時には収益・費用は生じないとしている。

(a) 移転した資産（負債）の認識の中止により収益・費用が生じている。

(b) 取得した資産が減損している。

(c) 引き受けた負債が不利である。

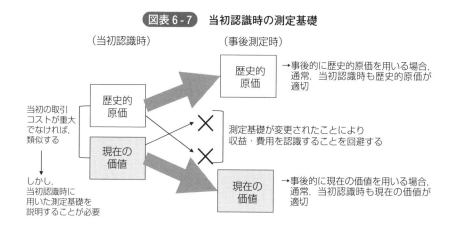

図表6-7 当初認識時の測定基礎

　「概念フレームワーク」は，報告企業が，市場条件での取引ではない事象の
結果として資産を取得する（負債を引き受ける）場合があるとし，その例とし
て次のようなものがあるとしている。

- 　当事者間の関係や，一方の当事者の財務的困難その他の差し迫った状況に
  より，取引価格が影響を受けている可能性がある。
- 　資産が，政府により無償で供与されるか第三者から寄贈される可能性があ
  る。
- 　負債が，法令または規制により課される可能性がある。
- 　補償または罰金を支払う負債が，不法行為を働いたことにより生じる可能
  性がある。

　「概念フレームワーク」は，市場条件での取引ではない事象により生じた資
産（負債）について，歴史的原価により測定することは，忠実な表現とならな
い可能性があるとしている。このような場合には，資産（負債）を「みなし原
価」（本章第 2 節(3)参照）により測定し，授受した対価がある場合には，その
対価とみなし原価の差額を収益・費用として認識することが適切である可能性
があるとしている。

178

(7) 複数の測定基礎

① 複数の測定基礎を用いる場合

「概念フレームワーク」は，測定基礎を選択するうえで考慮すべき要因を考慮した結果，報告企業の財政状態と財務業績の両方を忠実に表現する，目的適合性のある情報を提供するために，ある資産（負債）および関連する収益・費用について，複数の測定基礎が必要となるとの結論に達する可能性があるとしている。

② 原則的な方法

「概念フレームワーク」は，ほとんどの場合，複数の測定基礎を用いた情報を提供する最も理解可能性のある方法は，次の方法であるとしている（**【図表6-8】**参照）。

(a) 財政状態計算書における資産（負債）と財務業績の計算書における関連する収益・費用の両方に，単一の測定基礎を用いる。

(b) そのうえで，別の測定基礎を適用した場合の追加的な情報を注記において提供する。

図表6-8　複数の測定基礎（原則的な方法）

期首財政状態計算書	財務業績の計算書	期末財政状態計算書	注記

測定属性A
（例：歴史的原価）
に基づく純損益

↕ 同じ

| **測定属性A**
（例：歴史的原価）
に基づく
期首財政状態計算書 | **測定属性A**
（例：歴史的原価）
に基づく収益・
費用（包括利益） | **測定属性A**
（例：歴史的原価）
に基づく
期末財政状態計算書 | **測定属性B**
（例：現在の価値）
に基づく情報 |

（左右の差額）

③ 例外的な方法

「概念フレームワーク」は，場合によっては，次のような方法によった方が，目的適合性があるか，報告企業の財政状態と財務業績の両方を忠実に表現するとしている（【図表6-9】参照）。

(a) 財政状態計算書において，資産（負債）に現在の価値の測定基礎を用いる。

(b) 財務業績の計算書において，関連する収益・費用について異なる測定基礎を用いる。

なお，これら複数の測定基礎を選択するにあたっても，これまで述べてきた「測定基礎を選択するにあたって考慮すべき要因」（本節(1)から(5)参照）を考慮することとしている。

この方法による場合，「概念フレームワーク」は，資産（負債）の現在の価値の変動により生じた収益（費用）の合計は，次のように分けることになるとしている。

(a) 純損益計算書（第7章第3節(4)②参照）には，その計算書のために選択さ

図表6-9 複数の測定基礎（例外的な方法）

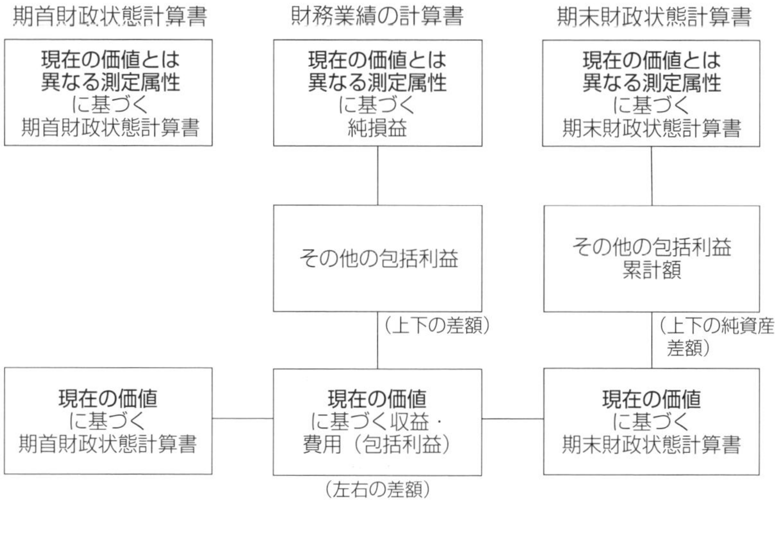

れた測定基礎を適用して測定された収益・費用を含める。

(b) 純損益計算書に含めなかった収益・費用はすべて，その他の包括利益（第7章第3節(4)②参照）に含める。この結果，その資産（負債）に関連するその他の包括利益累計額は，財政状態計算書における資産（負債）の帳簿価額と，純損益計算書のために選択された測定基礎を適用して帳簿価額を算定していたと仮定した場合のその帳簿価額の差額に等しくなる。

第7節　資本の測定

(1)　資本合計の測定

「概念フレームワーク」は，資本の帳簿価額の合計（資本合計）は，直接測定されるものではなく，認識したすべての資産の帳簿価額の合計から，認識したすべての負債の帳簿価額の合計を差し引いたものに等しくなるとしている。

また，一般目的財務諸表が報告企業の価値を示すよう設計されていないため（第1章第2節(6)②参照），資本合計は通常，次の金額とは等しくならないとしている。

(a) 報告企業の資本に対する請求権の市場価値の合計

(b) 継続企業（ゴーイング・コンサーン）の前提に基づいて報告企業全体を売却した場合に受け取るであろう金額

(c) 報告企業のすべての資産を売却し，負債を決済した場合に受け取るであろう金額

(2)　直接測定できる項目とできない項目

①　資本を構成する個別のクラスまたはその構成要素の直接的な測定

「概念フレームワーク」は，資本合計が直接測定されないものの，資本を構成する個別のクラスまたはその構成要素（第4章第5節参照）のいくつかについて，帳簿価額を直接測定することが適切であることがあるとしている。しか

図表 6 - 10　資本の測定

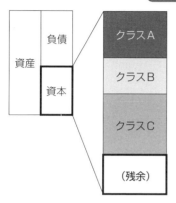

資本を構成する個別のクラスまたはその構成要素の
いくつかについて，帳簿価額を直接測定することが
適切であることがある

しかし，資本合計が残余として測定されるため，資
本を構成する個別のクラスまたはその構成要素の少
なくとも1つは，直接測定することができない

し，資本合計が残余として測定されるため，資本を構成する個別のクラスまた
はその構成要素の少なくとも1つは，直接測定することができないとしている
(【図表 6 - 10】参照)。

②　直接的な測定を認める理由

「概念フレームワーク」を開発する過程で，一部の関係者は，次の理由から，
資本を構成する個別のクラスまたはその構成要素のいくつかについて，直接測
定することに反対した。

(a)　資本は残余持分として定義されているため，資本を構成する個別のクラス
　　またはその構成要素を直接測定することは適切ではない。

(b)　資本合計をクラスまたはその構成要素に分解することは，報告企業全体に
　　対して財務的な影響がない項目を報告することになるため，報告企業全体
　　の視点（第3章第1節(3)①参照）と整合しない。

これに対し，IASBは，資本合計は残余として測定されるものの，資本は請
求権の一種，すなわち，報告企業の負債をすべて差し引いた後の報告企業の資
産に対する残余持分として定義されており，資本を構成する個別のクラスまた
はその構成要素のいくつかについて，直接測定したとしても，この定義と矛盾

しないとしている。ただし，資本を構成する個別のクラスまたはその構成要素の少なくとも1つは，直接測定することができないとしている。

また，IASBは，資本を構成する個別のクラスまたはその構成要素のいくつかについて，直接測定することは，報告企業全体の視点と矛盾しないとしている。直接的な測定値は財務諸表の利用者に対し，その報告企業に対して資源を提供するかどうかの意思決定に有用な情報を提供することがあるが，その情報は，特定の資本に対する請求権の保有者の視点からではなく，報告企業の視点から提供され，また，報告企業の資本に対する請求権を表すためである。

(3) 正の帳簿価額と負の帳簿価額

「概念フレームワーク」は，資本を構成する個別のクラスまたはその構成要素の帳簿価額は通常，正の値をとるものの，状況によっては負の値をとることもあるとしている。また，資本合計についても，通常，正の値をとるものの，どの資産と負債が認識され，それらの資産と負債がどのように測定されるのかにより，負の値をとることもあるとしている。

第8節　キャッシュ・フローに基づく測定技法

(1) キャッシュ・フローに基づく測定技法と測定基礎の関係

「概念フレームワーク」は，測定値を直接観察できない場合に，その測定値を見積る1つの方法として，キャッシュ・フローに基づく測定技法を用いることがあるとしている。ここで，キャッシュ・フローに基づく測定技法それ自体は，測定基礎ではなく，測定基礎を適用するにあたって用いる技法であるため，キャッシュ・フローに基づく測定技法を用いる場合には，どの測定基礎を用いており，その測定技法が測定基礎に適用される要因をどの程度，反映しているのかを識別する必要があるとしている。たとえば，測定基礎が公正価値である場合，適用される要因は前述（本章第3節(3)③参照）したものとなる。

　「概念フレームワーク」は，キャッシュ・フローに基づく測定技法は，修正
された測定基礎を適用するにあたり用いることがあるとしており，例として，
自己の信用リスクの影響を除外した履行価値を挙げている。「概念フレーム
ワーク」は，修正された測定基礎は，財務諸表の利用者に対して，より目的適
合性のある情報をもたらしたり，情報の作成または理解にコストがかからな
かったりすることがあるものの，財務諸表の利用者にとって理解することがよ
り困難になる可能性があるとしている。
　なお，「概念フレームワーク」を開発する過程で，IASBは，キャッシュ・フ
ローに基づく測定技法を別個の測定基礎とすることを提案した。しかし，
キャッシュ・フローに基づく測定技法は，他の測定基礎を適用した測定値の見
積りにも使用することができるため，それ自体は測定基礎ではないと記述する
ように変更している。

(2)　将来キャッシュ・フローの見積りにあたって考慮すべき要因

　「概念フレームワーク」は，結果の不確実性（本章第6節(4)②参照）は，将
来キャッシュ・フローの金額または時期に関する不確実性から生じるが，その
ような不確実性は資産（負債）の重要な特性であるとしている。また，不確実
性のある将来キャッシュ・フローの見積りを参照して資産（負債）を測定する
場合，考慮すべき要因の1つは，その見積った将来キャッシュ・フローの金額
または時期の考えられる差異であり（本章第3節(3)③参照），その差異は考え
られるキャッシュ・フローの範囲から単一の金額を選択する際に考慮されると
している。

(3)　中心的な部分から選択される見積り

　「概念フレームワーク」は，選択された単一の金額が考えられる結果の1つ
であることがあるが，必ずしもそうとはならないとしている。また，最も目的
適合性のある情報をもたらす金額は通常，範囲の中心的な部分から選択される
が，中心的な部分から選択される見積りにはいくつかの種類があるとし，次の

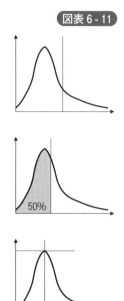

図表 6 - 11　中心的な部分から選択される見積り

期待値（統計学上の平均値）
→確率による加重平均値

発生する可能性が発生しない可能性よりも
高い金額のうち，最大のもの（統計学上の
メディアン（中央値）に類似）

最も発生する可能性が高い結果（統計学上の
モード（最頻値））

例を挙げている（【図表 6 - 11】参照）。

(a)　期待値（確率による加重平均値，統計学上の平均値ともいわれる。）は，結果の範囲全体を反映し，より発生可能性が高い結果に重きを置く。期待値は，最終的にその資産（負債）から生じる現金その他の経済的便益の流入（流出）を予測することを意図していない。

(b)　発生する可能性が発生しない可能性よりも高い金額のうち，最大のもの（統計学上のメディアン（中央値）に類似している。）は，事後に損失が発生する可能性が50％を超えることはなく，事後に利得が発生する可能性が50％を超えることはないことを示している。

(c)　最も発生する可能性が高い結果（統計学上のモード（最頻値）ともいわれる。）は，資産（負債）から生じる可能性が最も高い，最終的なインフローまたはアウトフローの金額である。

　なお，「概念フレームワーク」は，中心的な部分から選択される見積りは将

来キャッシュ・フローおよびその金額または時期の差異に関する見積りに依存
し，最終的な結果がその中心的な部分から選択される見積りと異なる可能性が
あることの不確実性（本章第 3 節(3)③参照）を引き受けることに対する価格は
含まれないとしている。

　また，「概念フレームワーク」は，中心的な部分から選択される見積りは，
それがどのようなものであっても，考えられる結果の範囲に関する完全な情報
を提供しないため，利用者は，考えられる結果の範囲についての情報を必要と
する可能性があるとしている。

第 7 章
表示と開示

本章の概要

　「概念フレームワーク」の第7章は，表示と開示を扱っている。表示と開示は，これまでの概念フレームワークにおいて扱われてこなかった領域である。

第1節 コミュニケーション・ツールとしての表示と開示

　「概念フレームワーク」は，報告企業は，その報告企業の資産，負債，資本，収益および費用に関する情報を財務諸表に表示したり開示したりすることにより，情報を伝達するとしている。また，「概念フレームワーク」は，財務諸表における情報の効果的なコミュニケーションは，その情報をより目的適合性のあるものとし，報告企業の資産，負債，資本，収益および費用の忠実な表現に寄与するだけでなく，理解可能性と比較可能性を向上させるとしている。

　さらに，「概念フレームワーク」は，財務諸表における情報の効果的なコミュニケーションは次のことを必要とするとしている。

(a) 規則に焦点を当てるのではなく，表示と開示に関する目的と原則に焦点を当てる。

(b) 類似する項目はまとめ，類似しない項目は分けるように情報を分類する。

(c) 不必要な詳細，または過度の合算表示により情報が不明瞭とならない方法で，情報を合算表示する。

　なお，「概念フレームワーク」は，コストが，他の財務報告に関する意思決定の制約となるように，表示と開示に関する意思決定の制約にもなるとしている。すなわち，表示と開示に関する意思決定にあたり，特定の情報を表示したり開示したりすることによって財務諸表の利用者にもたらされる便益が，その情報を提供し，使用するコストを正当化する可能性が高いかどうかを考慮することが重要であるとしている。

第2節　表示と開示に関する目的と原則

　「概念フレームワーク」は，IASBがIFRS基準において表示と開示に関する
要求事項を開発するにあたり，財務諸表における情報の効果的なコミュニケー
ションを促進するためには，次の両者の間のバランスをとることが必要である
としている。

(a)　資産，負債，資本，収益および費用を忠実に表現する，目的適合性のある
　　情報を提供できるように，報告企業に柔軟性を与える。

(b)　同一の報告企業における期間の間の比較と，同一の期間における異なる報
　　告企業の間の比較が可能となるように情報を要求する。

　また，「概念フレームワーク」は，IASBがIFRS基準に表示と開示に関する
目的を含めることは，報告企業が有用な情報を識別し，その情報を最も効果的
に伝達する方法を決定することに資するため，財務諸表の効果的なコミュニ
ケーションを支えることになるとしている。

　さらに，「概念フレームワーク」は，財務諸表の効果的なコミュニケーショ
ンは，次の原則を考慮することによっても支えられるとしている。

(a)　報告企業に固有の情報は，標準化された説明（「ボイラープレート」と呼
　　ばれることがある。）よりも有用である。

(b)　財務諸表の異なる箇所での情報の重複は通常，不必要であり，財務諸表の
　　理解可能性を損なうものである。

第3節　分　類

⑴　分類の定義

「概念フレームワーク」は，分類について，資産，負債，資本，収益または費用を表示したり開示したりする目的で，共通する特徴に基づいて仕分けることであると定義している。そのような特徴には，項目の性質，報告企業が遂行する事業における役割（または機能），および項目の測定方法が含まれるが，これらに限定されないとしている。

また，「概念フレームワーク」は，類似しない資産，負債，資本，収益または費用をまとめて分類することは，目的適合性のある情報を不明瞭なものとし，理解可能性と比較可能性を損ない，表現しようとする対象の忠実な表現とならない可能性があるとしている。

⑵　資産と負債の分類

①　会計単位との関係

「概念フレームワーク」は，分類は，資産（負債）について選択された会計単位（第4章第4節⑴参照）に適用されるとしている。ただし，資産（負債）について，異なる特徴を有する構成要素に分解し，それらの構成要素を別個に分類することが適切である場合があるとしている。

また，「概念フレームワーク」は，そのように分類することが適切であるのは，それらの構成要素を別個に分類することによって財務情報の有用性が向上する場合であるとしている。たとえば，資産（負債）について，流動の要素と非流動の要素に分解し，それぞれを別個に分類することが適切である場合があるとしている（【図表7-1】参照）。

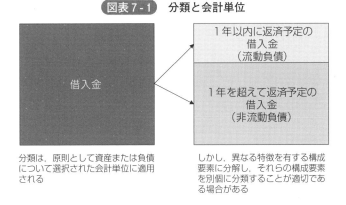

図表7-1　分類と会計単位

1年以内に返済予定の借入金（流動負債）

1年を超えて返済予定の借入金（非流動負債）

借入金

分類は，原則として資産または負債について選択された会計単位に適用される

しかし，異なる特徴を有する構成要素に分解し，それらの構成要素を別個に分類することが適切である場合がある

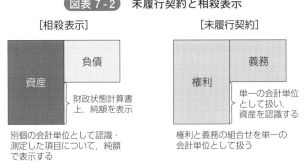

図表7-2　未履行契約と相殺表示

［相殺表示］

負債

資産

財政状態計算書上，純額を表示

別個の会計単位として認識・測定した項目について，純額で表示する

［未履行契約］

義務

権利

単一の会計単位として扱い，資産を認識する

権利と義務の組合せを単一の会計単位として扱う

② 相殺表示

「概念フレームワーク」は，相殺表示は，報告企業が，資産と負債の両方を別個の会計単位として認識し，測定するものの，財政状態計算書においてはまとめて単一の純額とする場合に発生するとしている。相殺表示は類似しないものをまとめて分類することになるため，通常，適切ではないとしている。

なお，「概念フレームワーク」は，資産と負債の相殺表示は，未履行契約（第4章第4節(2)参照）のように，権利と義務の組合せを単一の会計単位として扱うこととは別のものであるとしている（第4章第4節(1)⑦および【図表7-2】参照）。

(3) 資本の分類

「概念フレームワーク」は，資本に対する請求権が異なる特徴を有している場合には，有用な情報を提供するため，それらの資本に対する請求権を別個に分類する必要がある可能性があるとしている（第4章第5節(3)参照）。

同様に，「概念フレームワーク」は，資本の構成要素が特定の法律上，規制上その他の要求事項に従うこととなる場合，有用な情報を提供するため，それらの構成要素を別個に分類する必要がある可能性があるとしている。たとえば，法域によっては，報告企業が分配可能な剰余金を十分に有している場合にのみ，資本に対する請求権の保有者への分配が認められており（第4章第5節(4)参照），そのような剰余金を別個に表示したり開示したりすることは，有用な情報を提供する可能性があるとしている。

なお，前述（第0章第2節(3)⑥参照）のとおり，IASBは，「概念フレームワーク」の開発当時，「資本の特徴を有する金融商品」に関するリサーチ・プロジェクトに取り組んでおり，そのプロジェクトの結果として，資本に関する表示と開示を変更することを検討することになる可能性があるとしている。

(4) 収益と費用の分類

① 会計単位との関係

「概念フレームワーク」は，分類は，資産（負債）について選択された会計単位から生じる収益・費用に適用されるとしている。また，収益・費用の構成要素が異なる特徴を有しており，それらの構成要素が別個に識別されている場合には，分類は，これらの構成要素にも適用されるとしている。たとえば，資産の現在の価値の変動には，価値の変動の影響と，利息の発生の影響が含まれることがあり，これらの構成要素を別個に分類することによって財務情報の有用性が向上する場合には，これらの構成要素を別個に分類することが適切であるとしている（後述の【図表7-3】参照）。

②　収益・費用の分類

「概念フレームワーク」は，収益・費用は分類し，次のいずれかに含めることとしている。

(a)　純損益計算書

(b)　（純損益計算書の外の）その他の包括利益

「概念フレームワーク」を開発する過程で，純損益計算書に含めない収益・費用を「その他の包括利益」と呼ぶことについて，一部の関係者から，用語の使い方が必ずしも正確ではなく，財務諸表の利用者に理解されていないとの意見が寄せられていたものの，その用語を使わないことや新しい用語を使うことは混乱を招く可能性があったことから，IASBは「その他の包括利益」を使うこととしたとしている。

③　純損益計算書の意義

「概念フレームワーク」は，純損益計算書は，その報告期間についての報告企業の財務業績に関する情報の主要な情報源であり，純損益合計という，その報告期間の報告企業の財務業績に関する高度に要約された描写を提供するとしている。

また，「概念フレームワーク」は，多くの財務諸表の利用者が，純損益合計について，分析の出発点として，あるいは，その報告期間の報告企業の財務業績の主要な指標として，分析に組み込んでいるものの，その報告期間の報告企業の財務業績を理解するには，認識されたすべての収益・費用（その他の包括利益に含めたものを含む。）の分析が必要であるだけでなく，財務諸表に含まれる他の情報の分析も必要であるとしている。

olumn(40)

純損益は定義できるのか

　「概念フレームワーク」を開発する過程で，多くの関係者から純損益を定義すべきであるとの意見が寄せられた。IASBは，「概念フレームワー

ク」の純損益に関する記述は，厳密な純損益の定義を求めていた者を満
足させることができない可能性が高いものの，これまでの経験から，純
損益に含める項目に共通し，その他の包括利益に含めることが最も適切
な項目とは共通しない，単一または少数の特性は存在しないため，純損
益またはその他の包括利益について堅牢な概念上の定義を開発すること
はできないと結論付けたとしている。

　また，IASBは，純損益計算書に含めることが最も適切な項目のカテゴ
リーを網羅した規範的なリストを作成することはできないと結論付けた
としている。そのようなリストはいつまでたっても完成することはな
く，純損益計算書に含めることが最も適切であると考えられる項目（場
合によっては多数の項目）をその他の包括利益に含めて報告することが
避けられないためである。

　さらに，IASBは，関係者のなかには，純損益の定義を提案する者や，
純損益計算書に含める収益・費用と，その他の包括利益に含める収益・
費用とを識別する方法を提案する者がいたとしている。しかし，実行可
能なアプローチについてコンセンサスは得られなかったとしている。

④　その他の包括利益の利用

　IASBはこれまでに，収益・費用に関する項目のいくつかについて，純損益
の外で認識することをIFRS基準において容認または要求している。しかし，
それらの決定は，それぞれのプロジェクトにおいて，それぞれの理由により行
われており，単一の，整合的に適用される概念的な理由により行われておらず，
「概念フレームワーク」を開発する過程で，IASBはこの論点について議論する
必要があると考えたとしている。

　「概念フレームワーク」は，純損益計算書が，その報告期間の報告企業の財
務業績に関する情報の主要な情報源であるため，原則として，すべての収益・
費用が純損益計算書に含められるとしている。すなわち，「概念フレームワー
ク」は，収益・費用を表示するデフォルトの場所は純損益計算書であるとして
いる。

　ただし，「概念フレームワーク」は，IFRS基準を開発する際に，例外的な状
況において，資産（負債）の現在の価値の変動により生じる収益・費用につい

て，それをその他の包括利益に含めることによって，純損益計算書がより目的
適合性のある情報を提供することになるか，その期間の報告企業の財務業績を
より忠実に表現することになる場合に，収益・費用をその他の包括利益に含め
ることをIASBが決定する可能性があるとしている。

　なお，IASBは，どのような場合にIASBがそのような決定を行う可能性があ
るのかについて，具体的なガイダンスを「概念フレームワーク」に含めていな
い。IASBはIFRS基準を開発するときにそのような決定を行う予定であり，決
定の理由はそのIFRS基準の結論の根拠に示す予定であるとしている。また，
その他の包括利益に関するこの決定はIASBが行い，報告企業が行うことはで
きないとしている。

Column(41)

純損益とその他の包括利益に関する記述は十分か

　「概念フレームワーク」を開発する過程で，多くの関係者は，収益・費
用の表示に関して「概念フレームワーク」に含めることとして提案され
た内容では不十分であり，IASBがIFRS基準を開発するうえでの明確な
基礎を提供しないと指摘し，財務業績の報告に関して，IASBに追加の作
業を行うことを提案した。

　しかし，IASBは，収益・費用の表示に関するガイダンスが欠如してい
ることが，2010年の概念フレームワークの大きな欠陥であると考えてお
り，また，「概念フレームワーク」の記述は，抽象的であったとしても，
著しい進歩であり，IFRS基準における表示に関する要求事項を開発する
うえで役立つと考え，別個のプロジェクトにおいて純損益とその他の包
括利益について検討せずに，「概念フレームワーク」に含めることにした
としている。ただし，この決定は，財務業績の報告について，今後，追
加の作業を行うことを妨げるものではないとしている。

⑤　歴史的原価の測定基礎から生じる収益・費用

「概念フレームワーク」は，歴史的原価の測定基礎から生じる収益・費用は，
純損益計算書に含められ，それは歴史的原価の測定基礎から生じる収益・費用

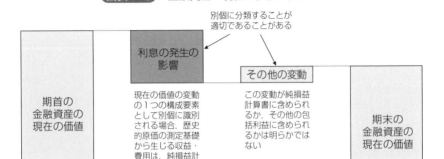

図表7-3 金融資産の現在の価値の変動の分類

別個に分類することが
適切であることがある

利息の発生の
影響

その他の変動

期首の
金融資産の
現在の価値

現在の価値の変動
の1つの構成要素
として別個に識別
される場合，歴史
的原価の測定基礎
から生じる収益・
費用は，純損益計
算書に含められる

この変動が純損益
計算書に含められ
るか，その他の包
括利益に含められ
るかは明らかでは
ない

期末の
金融資産の
現在の価値

が，資産（負債）の現在の価値の変動の1つの構成要素として別個に識別され
る場合にも，当てはまるとしている。たとえば，金融資産が現在の価値により
測定され，利息収益が他の変動とは別個に識別される場合，その利息収益は純
損益計算書に含められるとしている（【図表7-3】参照）。

⑥ その他の包括利益から純損益への振替（リサイクリング）

「概念フレームワーク」は，その他の包括利益に含められた収益・費用につ
いて，将来の期間にその他の包括利益から純損益計算書に振り替えることを，
「リサイクリング」と呼ぶことがあるとしている。

「概念フレームワーク」は，その他の包括利益に含められた収益・費用は，
純損益計算書がより目的適合性のある情報を適用することになるか，将来の報
告期間の報告企業の財務業績をより忠実に表現することになる場合に，原則と
して，将来の報告期間にその他の包括利益から純損益計算書にリサイクリング
するとしている。

ただし，たとえば，リサイクリングによってそのような結果が生じる報告期
間，または振り替えるべき金額を識別する明確な基礎がない場合，IASBは，
IFRS基準を開発する際に，その他の包括利益に含められた収益・費用をリサ

イクリングするべきではないとIASBが決定する可能性があるとしている。

　なお，IASBは，どのような場合にIASBがそのような決定を行う可能性があるのかについて，具体的なガイダンスを「概念フレームワーク」に含めていない。IASBはIFRS基準を開発するときにそのような決定を行う予定であり，決定の理由はそのIFRS基準の結論の根拠に示す予定であるとしている。また，その他の包括利益のリサイクリングに関するこの決定はIASBが行い，報告企業が行うことはできないとしている。

Column（42）

リサイクリングに対するアプローチ

　「概念フレームワーク」開発当時までに開発されたIFRS基準には，リサイクリングを要求しているものもあれば，これを禁止しているものもある。このような違いは，時期によって異なるアプローチをIASBがとってきたために生じている。ある時期には，財務業績の計算書は，財務業績を表す単一の計算書であり，収益または費用に関する項目をその計算書に表示するのは一度のみとすべきであるというアプローチをIASBがとったため，IASBはIFRS基準においてリサイクリングを禁止していた。また別の時期には，すべての収益・費用は，どこかの時点で純損益計算書に含めるべきであるというアプローチをIASBがとったため，リサイクリングが必要とされた。

［収益・費用を財務業績の
計算書に表示するのは
一度のみとするアプローチ］

純損益および包括利益計算書
（当初）　（事後）

純損益合計　純損益合計

+100　何もしない

包括利益合計　包括利益合計

［すべての収益・費用は
どこかの時点で純損益
計算書に含めるアプローチ］

純損益および包括利益計算書
（当初）　（事後）

+100

純損益合計　純損益合計

+100　△100

包括利益合計　包括利益合計

リサイクリング

　　IASBの理事の構成の変更およびIASBのアプローチの変更に伴い，時の経過とともにリサイクリングに関するIASBの決定が変わることは望ましくないことから，「概念フレームワーク」は，IASBがIFRS基準を開発するときにリサイクリングに関する決定を行う場合に適用する原則を示している。

第4節　合算表示

　「概念フレームワーク」は，合算表示とは，共通の特徴を有する資産，負債，資本，収益または費用をまとめて合算し，同じ分類に含めることであると定義している。合算表示は，大量の詳細な情報を要約することによって情報を有用なものとするものの，詳細な情報を部分的に隠すことになるため，目的適合性のある情報が，大量の重要性のない情報や過度の合算表示により覆い隠されることがないように，バランスをとる必要があるとしている。

　また，「概念フレームワーク」は，財務諸表の部分によって合算表示のレベルを変えなければならない可能性があるとしている。たとえば，財政状態計算書と財務業績の計算書において要約された情報を提供し，注記においてより詳細な情報を提供することがあるとしている。

第 8 章
資本と資本維持の概念

本章の概要

　「概念フレームワーク」の第8章の内容は，2010年の概念フレームワークから変更していない。2010年の概念フレームワークの内容も，1989年の概念フレームワークを引き継いだものであった。

　なお，Column(4)のとおり，本章においてのみ，capitalの日本語訳として「資本」をあて，equityの日本語訳は「資本（equity）」と記述している。

第1節　資本と資本維持の概念の意義

　「概念フレームワーク」は，資本維持の概念は，報告企業が維持しようとする資本をどのように定義するのかに関連しているとしている。

　また，「概念フレームワーク」は，資本維持の概念は，利益を算定するにあたっての参照点を提供するために，資本の概念と利益の概念を結び付けるものであり，報告企業の資本に対するリターンと，資本の払戻しを識別するにあたっての前提条件となり，資本の維持に必要な金額を上回る資産の流入のみが，利益，すなわち，資本に対するリターンになるとしている（【図表 8 - 1】参照）。したがって，利益とは，収益から費用（該当ある場合には，後述する資本維持修正（本節第 5 節参照）を含む。）を差し引いた残余であるとしている。なお，費用が収益を上回る場合には，差額は利益ではなく，損失となるとしている。

　「概念フレームワーク」は，資本維持の概念の間の主な違いは，報告企業の資産と負債の価格（物価）の変動の影響の扱いにあるとしている。

図表 8 - 1　資本と利益

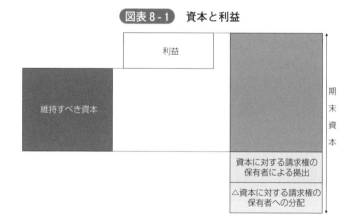

第 2 節　資本の概念

「概念フレームワーク」は，資本の概念には次の 2 種類があるとしている。

- 　財務的な資本の概念（financial concept of capital）
- 　物理的な資本の概念（physical concept of capital）

　また，「概念フレームワーク」は，報告企業による適切な資本の概念の選択は，その報告企業の財務諸表の利用者のニーズに基づかなければならないとしている。したがって，財務諸表の利用者が主として投下資本の名目額または投下資本の購買力の維持に関心がある場合には，財務的な資本の概念を採用すべきであり，利用者が主として報告企業の操業能力に関心がある場合には，物理的な資本の概念を採用すべきであるとしている。

　なお，「概念フレームワーク」は，資本の概念の選択は，その資本の概念を機能させるうえで多少の測定の困難はあったとしても，利益の算定によって達成すべき目標を示すものであるとしている。

第 3 節　資本維持の概念と利益の算定

(1)　財務的な資本維持の概念

①　定　義

「概念フレームワーク」は，財務的な資本維持の概念のもとでは，期末における純資産の名目額（貨幣額）が，期首における純資産の名目額（貨幣額）金額を上回っている場合にのみ，利益が稼得されるとしている（期間中に資本（equity）に対する請求権の所有者への分配や資本（equity）に対する請求権の所有者からの拠出があった場合にはそれらを除く）。また，財務的な資本維持は，名目貨幣単位を基礎とした名目資本，または恒常購買力単位を基礎とした実質資本により測定することができるとしている。

② 財務的な資本維持と測定基礎

「概念フレームワーク」は，財務的な資本維持の概念は，後述する物理的な資本維持の概念（本章第3節(2)参照）とは異なり，特定の測定基礎を用いることを要求しないとしている。この資本維持の概念のもとでは，測定基礎の選択は，報告企業が維持しようとする財務的な資本によるとしている。

③ 名目資本維持と利益

「概念フレームワーク」は，財務的な資本維持のなかでも，資本が名目貨幣単位を基礎として名目資本により定義される場合，利益は，期間中の名目貨幣資本の増加を表しており，したがって，保有する資産の期間中の価格（物価）の上昇（保有利得）は，概念上，利益となるとしている。ただし，その保有利得は，資産を交換取引において処分するまで利益として認識されない可能性があるとしている（【図表 8 - 2】参照）。

図表 8 - 2　名目資本維持と利益

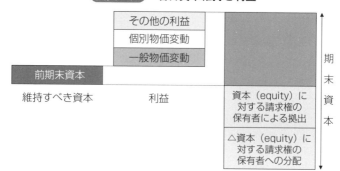

④　実質資本維持と利益

「概念フレームワーク」は，財務的な資本維持のなかでも，資本が恒常購買力単位を基礎として実質資本により定義される場合，利益は，期間中の投下された貨幣の実質的価値である購買力の増加を表しており，一般の物価水準の上昇を上回って資産の価格が上昇した部分についてのみ，利益とみなされるとしている。残りの価格の上昇は，利益ではなく，資本（equity）の一部である資本維持修正（本章第5節参照）として扱うとしている（【図表8-3】参照）。

図表8-3　実質資本維持と利益

204

⑵ 物理的な資本維持の概念

① 定　義

「概念フレームワーク」は，物理的な資本維持の概念のもとでは，期末における報告企業の物理的生産能力（または操業能力）（もしくは，その能力を得るために必要な資源または資金）が，期首における物理的生産能力を上回っている場合にのみ，利益が稼得されるとしている（期間中に所有者への分配や所有者からの拠出があった場合にはそれらを除く。）。

② 物理的な資本維持と測定基礎

「概念フレームワーク」は，物理的な資本維持の概念は，測定基礎として現在原価（第6章第3節⑸参照）を採用することを必要とするとしている。

③ 物理的な資本維持と利益

「概念フレームワーク」は，物理的な資本維持のなかでも，資本が物理的生産能力を基礎として定義される場合，利益は，期間中のその資本の増加を表しており，報告企業の資産および負債に影響するいかなる価格（物価）の変動も，物理的生産能力の測定値の変動とされるため，利益ではなく，資本（equity）の一部である資本維持修正（本章第5節参照）として扱うとしている（【図表8-4】参照）。

図表8-4　物理的資本維持と利益

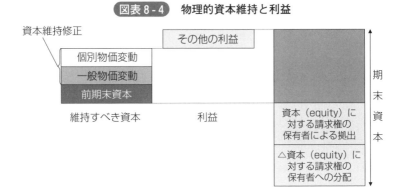

第4節　資本維持の概念と会計モデル

(1)　会計モデルの選択と基本的な質的特性

「概念フレームワーク」は，測定基礎と資本維持の概念の選択は，財務諸表の作成にあたっての会計モデルを決定するとしている。また，会計モデルによって目的適合性と信頼性の程度が異なるために，経営者は両者の間のバランスをとる必要があるとしている。なお，ここでの「信頼性」は，1989年の概念フレームワークから引き継がれた表現であり，「概念フレームワーク」では「忠実な表現」に置き換えられているものである（Column(8)参照）。

　また，「概念フレームワーク」は，さまざまな会計モデルに適用可能であり，選択された会計モデルのもとで構築される財務諸表の作成と表示に関するガイダンスを提供するとしている。

(2)　特定の会計モデルを想定したIFRS基準の開発

「概念フレームワーク」は，超インフレ経済下の通貨により報告する報告企業のための会計モデルのような例外的な状況を除き，IASBは，「概念フレームワーク」開発時点では，特定のモデルを定めることを意図していないものの，その意図は今後の世界経済の発展に照らして見直す予定であるとしている。

　超インフレ経済下においては，修正再表示することなく現地通貨で財政状態や財務業績を報告した場合，有用な財務情報をもたらさない。貨幣があまりの速さで購買力を失っていくために，異なる時点で発生した取引その他の事象による金額を比較した場合，たとえそれが同じ会計期間内の比較であっても，財務情報の利用者の判断を誤らせることとなるためである。

　超インフレ経済下の通貨により報告される財務諸表は，期末日における測定単位によって測定し，表現された場合にのみ，有用になり得る。したがって，IAS第29号「超インフレ経済下における財務報告」は，超インフレ経済下の通

貨により報告される財務報告について，報告企業が歴史的原価会計と現在原価会計のいずれを採用しているかにかかわらず，期末日における測定単位によって測定することを要求している。

　なお，歴史的原価会計に基づく財務諸表においては，一般物価指数を適用することにより，期末日における測定単位に基づく測定を行うこととなる。

第5節　資本維持修正

　「概念フレームワーク」は，資産（負債）の再評価または再表示は，資本（equity）の増加（減少）をもたらすとし，そのような資本（equity）の増加（減少）は収益（費用）の定義を満たすものの，資本維持の概念によっては損益計算書に含められず，資本維持修正または再評価剰余金として資本（equity）に含められるとしている。なお，ここでの「損益計算書」の表現は，1989年の概念フレームワークから引き継がれた表現であり，「概念フレームワーク」では「財務業績の計算書」に置き換えられたものである（Column(13)参照）。

2010年の概念フレームワークからの変更点

　2010年の概念フレームワークは，資本維持修正を財務諸表の構成要素の１つとして，財務諸表の構成要素に関する章に含めて議論していたが，「概念フレームワーク」ではこの記述を資本と資本維持の概念に関する章に移動させている。

[参考文献]

Financial Accounting Standards Board（FASB）, *Statement of Financial Accounting Standards No. 130: Reporting Comprehensive Income*, June 1997.

International Accounting Standards Board（IASB）, *Conceptual Framework for Financial Reporting*, September 2010.

IASB, Exposure Draft *Conceptual Framework for Financial Reporting: The Reporting Entity*, March 2010.

IASB, *Conceptual Framework for Financial Reporting*, March 2018.

International Accounting Standards Committee（IASC）, *Framework for the Preparation and Presentation of Financial Statements*, July 1989.

IFRS財団（編），企業会計基準委員会・公益財団法人財務会計基準機構（監訳）『IFRS®基準〈注釈付き〉2019』（中央経済社，2019年）

あずさ監査法人 IFRSアドバイザリー室（編）『ケースでわかる一般事業会社のためのIFRS金融商品会計』（中央経済社，2015年）

企業会計基準委員会「討議資料『財務会計の概念フレームワーク』」（2006年12月）

有限責任 あずさ監査法人（編）『「包括利益」表示の実務―財務指標への影響から注記数値の作成まで』（中央経済社，2011年）

有限責任 あずさ監査法人 IFRS本部（編）『IFRSの基盤となる概念フレームワーク入門』（中央経済社，2012年）

【編者紹介】

有限責任 あずさ監査法人

有限責任 あずさ監査法人は，全国主要都市に約6,200名の人員を擁し，監査や保証業務をはじめ，IFRSアドバイザリー，アカウンティングアドバイザリー，金融関連アドバイザリー，IT関連アドバイザリー，企業成長支援アドバイザリーを提供しています。

金融，情報・通信・メディア，パブリックセクター，消費財・小売業，製造，自動車，エネルギー，ライフサイエンスなど，業界特有のニーズに対応した専門性の高いサービスを提供する体制を有するとともに，4大国際会計事務所のひとつであるKPMGインターナショナルのメンバーファームとして，153ヵ国に拡がるネットワークを通じ，グローバルな視点からクライアントを支援しています。

【執筆者紹介】

川西　安喜（かわにし・やすのぶ）

公認会計士，米国公認会計士（デラウェア州），CFA協会認定証券アナリスト，日本証券アナリスト協会認定証券アナリスト。

1996年朝日監査法人（現有限責任 あずさ監査法人）に入所。2009年パートナー登用。

2003年より企業会計基準委員会（ASBJ）研究員（出向）。2004年から2016年まで米国財務会計基準審議会（FASB）国際研究員，2013年から2016年まで国際会計基準審議会（IASB）客員研究員を兼務し，収益認識，概念フレームワーク等のプロジェクトに従事。

2016年よりASBJ常勤委員，2019年よりASBJ副委員長兼会計基準設定主体国際フォーラム（IFASS）議長。

詳解 IFRSの基盤となる概念フレームワーク

2020年1月1日　第1版第1刷発行

編　者　あずさ監査法人
発行者　山　本　　　継
発行所　㈱中央経済社
発売元　㈱中央経済グループ
　　　　パブリッシング

〒101-0051　東京都千代田区神田神保町1-31-2
電　話　03 (3293) 3371 (編集代表)
　　　　03 (3293) 3381 (営業代表)
http://www.chuokeizai.co.jp/
製版／三英グラフィック・アーツ㈱
印刷／三　英　印　刷　㈱
製本／㈲　井　上　製　本　所

© 2020
Printed in Japan